ALEXANDRA KARR-MENG

WENIGER SCHIMPFEN, WENIGER SCHREIEN

Wutausbrüche vermeiden, liebevoll erziehen
Wie du als Mama gelassen bleibst

humboldt

INHALT

DU MACHST EINEN GUTEN JOB

Zuallererst muss hier Zeit für ein dickes Lob sein – dafür,
was du und andere Eltern bei der Erziehung tagtäglich leisten.
Doch in jedem Familiengetriebe knirscht es ab und an auch
mal. In solchen Fällen hilft dir dieses Buch, den Sand daraus
zu entfernen, damit es wieder runder läuft.

Da ich selbst Mutter bin und weiß, wie anstrengend das Elternsein manchmal sein kann, ziehe ich den Hut vor dir: Du stellst dich täglich der Aufgabe, dein Kind liebevoll, achtsam und respektvoll zu erziehen. Du versuchst, deinen Stress im Zaum zu halten, geduldig zu sein, deinem Kind genügend Raum zu lassen, sich zu entfalten, es verantwortungsvoll auf dem Weg ins Leben zu begleiten. Oftmals stehst du im Leben, wie der sprichwörtliche Fels in der Brandung. Deshalb ist hier Lob gerechtfertigt: Du machst einen tollen Job!

Doch allzu häufig gibt es Probleme, und dann wird es schwierig, gelassen und geduldig zu bleiben. Die Nerven gehen mit dir durch und du schimpfst, weil du dir nicht anders zu helfen weißt. In solchen Fällen kann dir dieses Buch weiterhelfen. Es wird dir neue Blickwinkel auf euren Familienalltag ermöglichen und dir einen Einblick in die Sichtweise deines Kindes geben. Es enthält jede Menge Beispiele zu stressigen Situationen und bietet verschiedene Lösungsmöglichkeiten dazu an. Dadurch wird sich dein Familienleben verändern.

2018 ist mein erster Ratgeber „Kinder achtsam erziehen" erschienen. Seit dieser Zeit habe ich viele Gespräche darüber geführt und zahlreiche Coachings, Vorträge und Seminare zu diesem Thema gehalten. Und dabei habe ich immer wieder gemerkt: Wir Eltern sitzen alle im gleichen Boot.

Wir erleben jeden Tag wunderschöne, glückliche und liebevolle Momente mit unseren Kindern, kämpfen aber auch täglich mit ähnlichen Problemen. Im einen Moment sind sie verschmust, aufmerksam, wissbegierig, wollen kuscheln oder lachen mit uns, lernen Neues und bringen viel Freude in unser Leben. Doch im nächsten Moment verwandeln sie sich scheinbar in einen Wirbelwind, der über uns hinwegfegt, uns herausfordert und uns an unsere Grenzen bringt. Häufig halten sie uns auch den Spiegel vor und legen den Finger in die Wunden unserer eigenen Fehler und Schwächen. Eltern zu sein, ist nicht immer leicht.

Denn wir werden ja auch nicht wirklich darauf vorbereitet, obwohl es ansonsten für alles Kurse und Prüfungen gibt. Ein Auto darf man erst fahren, wenn man den Führerschein gemacht hat. In die Elternrolle wachsen wir erst allmählich hinein. Wir probieren aus, üben, machen Fehler, lernen und geben unser Bestes. Da helfen auch die Geburtsvorbereitungskurse in trauter Runde nicht wirklich weiter.

Es ist nicht immer leicht, das eigene Leben und das der Familie unter einen Hut zu bekommen. Wir haben oft hohe Ansprüche an uns, wollen unsere Kinder bestmöglich unterstützen und ihnen jede Chance geben, stellen dabei aber unsere eigenen Wünsche hinten an. Wenn wir aber selbst am Limit sind und uns ständig für die Familie aufopfern, halten wir das nicht lange durch. Wir sind unzufrieden, genervt und werden dann auch mal ungehalten und schimpfen. Das ist uns allen schon mehr als einmal passiert, obwohl wir gute Eltern sind. Wir dürfen allerdings auch einmal an uns denken, das ist wichtig und zwingend notwendig, wenn wir unsere Kinder liebevoll und gelassen erziehen möchten. Ich nenne das immer „gesunden Egoismus". Er hilft uns dabei, die eigenen Bedürfnisse und die Bedürfnisse der anderen kennenzulernen und in eine Balance zu bringen. Das ist eine wichtige Erkenntnis und eine Herausforderung zugleich.

Noch einige Worte zu mir: Ich bin verheiratet, Mutter eines Sohnes, Coach, Beraterin, Trainerin und habe täglich Kontakt mit Menschen, die unterschiedliche Bedürfnisse haben. Sie bringen sich ein und möchten etwas verändern. Sie wollen Konflikte lösen, ein entspanntes Leben führen, sich beruflich entwickeln ohne die Familie zu vernachlässigen, ihre Kinder fördern...

So individuell wie diese Menschen sind auch ihre Probleme im Alltag. Für mich ist es eine spannende Aufgabe, sie auf ihrem Weg zu begleiten. Es ist schön zu sehen, wie viel Potenzial in jedem Einzelnen steckt. Und oft sind es nur kleine Veränderungen in ihrem Leben, die eine große Wirkung haben.

Das gelingt dir auch, du musst allerdings bei dir selbst anfangen. Wir können andere nicht verändern und nicht erwarten, dass sie sich für uns verändern. Als Eltern sind wir Vorbild für unsere Kinder, sie lernen von uns, kopieren unser Verhalten und sprechen die gleiche Sprache wie wir. Wenn wir uns verändern, nimmt unser Kind dies wahr und passt sich uns unbewusst an. Schaffen wir es, an der richtigen Schraube zu drehen, wird das Familienleben deutlich entspannter. Wir haben es in der Hand, die Lösung schlummert in uns.

Ich habe in meinen Coachings Beispiele für problematische Situationen gesammelt, die ich anonymisiert in diesem Buch verwende. Du findest dich bestimmt in dem einen oder anderen Fall wieder und denkst: „Das ist ja genau wie bei uns zu Hause."

Du siehst also, du bist nicht allein. Das zu erkennen, ist selbst für mich immer wieder beruhigend. Uns geht es allen ähnlich und es gibt viele Wege, die zu einem harmonischen Familienleben führen. Diese will ich dir in diesem Buch zeigen.

Im ersten Teil geht es zunächst einmal um dich. Du lernst dich selbst besser kennen, entdeckst deine wunden Punkte und kannst herausfinden, wann und warum du in die Luft gehst. Du erfährst auch, wie du schnell wieder gelassen werden kannst und wie du unnötigen Stress vermeidest, um den Alltag mit deinem Kind entspannt zu erleben.

Im zweiten Teil geht es um Probleme im Alltag. Anhand von Beispielen, die wir alle schon mal erlebt haben, zeige ich dir, was das Schwierige in dieser Situation ist, wo der Grund für das Problem liegen könnte und was du konkret tun kannst, damit die Situation nicht eskaliert. Und da wir alle unterschiedlich sind, werde ich dir verschiedene Handlungsmöglichkeiten anbieten. Denn was in der einen Familie super funktioniert, passt für die andere überhaupt nicht. Du kannst also den Lösungsweg auswählen, der für dich und deine Familie am besten passt. Oder sei kreativ und entwickle daraus eigene Strategien.

Im dritten Teil zeige ich Dir verschiedene Cool-Down-Strategien, die dich zur Ruhe kommen lassen. Diese werden dich in fordernden Situationen entlasten und unterstützen.

Viel Freude auf deinem Weg, dein Kind liebevoll, wertschätzend und gelassen zu erziehen.

Herzliche Grüße

Alexandra Karr-Meng

ERZIEHUNG OHNE SCHREIEN – WIE SOLL DAS FUNKTIONIEREN?

Eine gute Frage, die du wahrscheinlich nicht so einfach beantworten kannst. Denn Schreien und Schimpfen sind für viele von uns normal, sind es doch Zeichen für einen Ausbruch unserer Gefühle – und Emotionen gehören schließlich zu unserem Leben. Ich zeige dir, wie es besser geht.

Manchmal sind unsere Tage extrem anstrengend, wir sind ausgelaugt und müde und sehnen uns nach einem ruhigen Tagesabschluss. Doch wenn es dann anders kommt, als wir es uns wünschen, wenn Hektik ausbricht und plötzlich Chaos herrscht, sind auch die entspanntesten Eltern einmal mit ihrer Geduld am Ende und reagieren über. Dann fragen wir uns, was in unserer Familie falsch läuft und was wir besser machen könnten.

Emotionen – das Salz in der Suppe des Familienlebens

Das perfekte Familienglück: Der Tag beginnt, die Kinder hüpfen fröhlich aus dem Bett, ziehen sich freiwillig an, putzen artig die Zähne und waschen sich. Beim Frühstück wird nicht gemeckert und gekleckert, die Kinder warten schon am Auto, damit ihr pünktlich losfahren könnt. Sie sind gut gelaunt, strahlen und können es gar nicht erwarten, endlich in die Kita und die Schule zu kommen. Auch nachmittags hören sie aufs Wort, tun alles, was du von ihnen erwartest, geben keine Widerworte, ignorieren deine Rufe zum Abendessen nicht, quengeln nicht, weil sie ins Bett müssen, schlafen auch sofort friedlich ein und natürlich die Nacht durch. Ein utopischer Traum, oder?

Natürlich wünschen wir uns, dass der Alltag reibungslos verläuft und weniger an unseren Kräften zehrt. Aber wäre das oben beschriebene Familienglück auf Dauer tatsächlich erstrebenswert? Wohl eher nicht. Es sind doch die Gefühle, die unser Familienleben ausmachen. Neben den schönen Emotionen wie Freude, Glück, Liebe, machen auch die negativen wie Wut, Trauer, Angst, Scham das Leben interessant. Sie bringen uns dazu, dass wir miteinander lachen, streiten, uns lieben, uns übereinander ärgern aber auch miteinander glücklich und zufrieden sind. Sie sind das Salz in der Suppe unseres Familienlebens und es geht einfach nicht ohne sie.

Allerdings ist unsere Gefühlslage auch dafür verantwortlich, dass wir manchmal die Geduld verlieren. Wenn wir mit den Nerven am Ende sind und unser Kind beim Abendessen das Wasserglas umschmeißt und der gedeckte Küchentisch unter Wasser steht. Dann gelingt es uns nicht mehr so einfach, gelassen und souverän zu reagieren. Wir werden ungerecht, schimpfen und werden manchmal lauter als beabsichtigt.

Das sind Momente, die uns an unsere Grenzen führen, uns aus der Reserve locken und wütend werden lassen. Und das passiert natürlich meistens am Ende eines langen Tages, an dem wir als Eltern alles Mögliche erledigen mussten und der Alltagskram quasi auch noch nebenher laufen muss. Da hast du den ganzen Tag lang geackert, organisiert, geplant und ausgeführt – und dann zeigen dir deine Kinder, dass selbst eine genau ausgeklügelte Planung nicht aufzugehen scheint. Doch ich kann dich trösten, das läuft überall so, auch bei mir.

Die Frage ist nur, wie wir darauf reagieren. Bleiben wir bei dem Beispiel mit dem Glas. Es kippt, der Inhalt läuft über den Tisch und dann kommt richtig Hektik auf. Man versucht noch schnell zu retten, was zu retten ist. Hier wird keiner die Ruhe selbst sein, denn alle wurden überrascht. Am meisten das Kind, denn es hat das Glas ja nicht mit Absicht umgestoßen, sondern wollte einfach nur etwas trinken.

Emotional könnte dein Kind auf dieses Missgeschick sehr unterschiedlich reagieren:

- verunsichert
- ängstlich
- erstarrt
- wütend
- schreiend
- weinerlich
- zornig
- geschockt
- furchtsam

Die Gefühle deines Kindes in dieser Situation können also vielfältig sein, und wenn dann noch deine Emotionen hochkochen, kann dies ein explosiver Cocktail werden und die Stressspirale fängt an sich zu drehen. Durch eine heftige Reaktion von deiner Seite fühlt sich dein Kind noch mehr in die Ecke gedrängt und seine unguten Gefühle werden verstärkt.

Daher ist es gerade in stressigen Situationen wichtig, gelassen und liebevoll zu bleiben, damit dein Kind merkt, dass du es akzeptierst und lieb hast, auch wenn es Fehler macht.

> **!   EMOTIONEN**
>
> Emotionen sind ein wichtiger Bestandteil unseres Lebens, das Salz in der Suppe des menschlichen Daseins. Gefühlsregungen können sehr unterschiedlich ausfallen, manchmal stark und heftig, manchmal weniger ausgeprägt. Sie sind aber immer vorhanden. Ein Leben ohne Emotionen gibt es nicht.
>
> Es gibt mehrere Grundemotionen: Ärger/Wut, Angst, Ekel, Freude, Liebe, Hass, Scham, Traurigkeit, Überraschung.
>
> Emotionen können sich auf unterschiedlichen Ebenen zeigen:
> - als Gefühl: Sympathie, Eifersucht, Neugierde, Spannung ...
> - als Verhalten: lachen, schreien, weinen, Fingernägel kauen ...
> - als körperliche Reaktion: zittern, roter Kopf, Schweißausbrüche, Herzrasen ...
> - als geistige Vorstellung: „alle sind gegen mich", „das wird ein schlimmer Tag" ...

Wir Eltern stoßen im Alltag immer wieder an unsere Grenzen und dann fällt es uns nicht leicht, gelassen, wertschätzend und liebevoll zu bleiben. Insbesondere in Situationen, in denen wir uns durch unser Gegenüber selbst nicht wertgeschätzt fühlen. Es geht uns allen so, denn wir sind alle nur Menschen. Deshalb ist es auch in Ordnung und kein Beinbruch, wenn mir mal die Beherrschung verlieren.

Andererseits haben wir im Gegensatz zu unseren Kindern wesentlich mehr Erfahrung im Umgang mit Emotionen und können diese besser steuern. Wir merken, wenn es uns zu viel und die Situation zu stressig wird und können gegensteuern. Leider ignorieren wir häufig die ersten Anzeichen von Überforderung und machen einfach weiter. So lange, bis keine gelassene Reaktion mehr möglich ist und wir explodieren.

Julia hat einen anstrengenden Tag hinter sich. Ein vollgepackter Arbeitstag mit überlangen Besprechungen und jeder Menge anspruchsvoller Kunden. Auf dem Heimweg gerät sie auch noch in einen Stau und kommt deshalb erst 5 Minuten, bevor die Kita schließt, dort an. Ihr Sohn Max erwartet sie schon sehnsüchtig und fragt, ob sie zu Hause zusammen noch Lego spielen können. Dort angekommen erfüllt Julia seinen Wunsch und spielt mit ihm, bis es Zeit fürs Abendbrot ist. Nach dem Essen soll Max sich bettfertig machen. Julia hilft ihm beim Zähneputzen, liest noch eine Gutenachtgeschichte vor und dann soll Max schlafen. Das möchte er aber nicht. Er meckert und will noch weiterspielen. Da ist Julia mit ihrer Geduld jedoch am Ende. Sie schimpft mit Max: „Jetzt ist Schluss, du schläfst jetzt sofort. Ich will auch mal meine Ruhe haben. Es kann sich nicht immer alles um dich drehen. Ich habe heute schon so viel mit dir gemacht." Diese heftige Reaktion bringt Max zum Weinen. Julia versucht, ihn zu beruhigen, was allerdings erst nach längerer Zeit gelingt.

Solche Tage haben wir alle schon erlebt und können Julias Reaktion nachvollziehen. Sie hat sich zu viel zugemutet und sich keine Ruhephasen gegönnt. Dass sie dann irgendwann genervt ist, ist völlig normal. Schade ist dabei jedoch, dass Max Opfer ihres negativen Gefühlsausbruchs wird. Er kann schließlich wenig dafür, dass ihr Tag anstrengend war. Max hat seine eigenen Bedürfnisse, die er natürlich einfordert: Er war den ganzen Tag in der Kita und hat sich darauf gefreut, mit seiner Mutter Zeit zu verbringen. Er will mit ihr zusammen spielen, ihre Nähe genießen und Aufmerksamkeit erhalten.

Julia ist die Erwachsene und könnte erkennen, dass ihr nach einem anstrengenden Arbeitstag alles zu viel wird und sie eine kurze Pause braucht, um danach erholt mit Max zu spielen. Dafür müsste sie wahrnehmen, was sie gerade braucht und sich dies auch zugestehen.

Wie hätte Julia die Situation entschärfen können? Sie hätte nach der Ankunft zu Hause mit Max eine kurze Weile spielen können und dann eine kleine gemeinsame Auszeit ankündigen können: „Jeder hat jetzt etwas Zeit allein zu spielen". Wenn sie vorab bereits das Abendritual nach dem Essen angekündigt hätte, wäre Max darauf vorbereitet gewesen. Und durch die kleine Auszeit etwas ausgeruht, hätte Julia sicher wesentlich gelassener auf die „kraftraubende Situation" reagieren können.

Achte darauf, dass es auch dir gutgeht

Wie Julia meinen wir immer funktionieren zu müssen, um stets für unsere Familie da zu sein. Dies ist wichtig und wertvoll, doch es gehört ebenso zu unseren Aufgaben, auf uns selbst zu achten und mit unseren Kräften zu haushalten. Denn nur dann können wir unsere Kinder liebevoll und gelassen begleiten.

Wir sind schließlich ein Vorbild für unsere Kinder, insbesondere in den ersten Lebensjahren, in denen sie so viel lernen. Schon gleich nach der Geburt beginnen Babys, alles wie ein Schwamm aufzusaugen, lernen Krabbeln, Laufen und Sprechen. Was sie wollen zeigen sie uns auch mit ihren Emotionen und das bereits ab der ersten Lebenssekunde.

Weil sie allerdings noch nicht gelernt haben, damit umzugehen, werden kleinere Kinder oft von ihren Emotionen überrollt, die sie völlig ungefiltert ausleben. Sie können sich unbändig freuen, lachen bis ihnen die Tränen kommen, sie können aber auch genau so heftig weinen, wenn sie traurig sind oder vor lauter Wut gegen den Sessel treten oder Gegenstände durch das Zimmer werfen.

Um zu lernen mit ihren Gefühlen besser umzugehen, dafür brauchen sie uns. Und deshalb ist es wichtig, dass wir bei uns selbst anfangen. Zuerst müssen wir unsere eigenen Emotionen kennen und sie steuern können, dann erst können wir unserem Kind Möglichkeiten aufzeigen, wie es sich in seiner eigenen Gefühlswelt besser zurechtfindet.

EMOTIONSSTEUERUNG

Steuerung und Kontrolle unserer Gefühlswelt bedeutet nicht, dass wir unsere Emotionen verdrängen. Es geht darum, sie bewusst wahrzunehmen und zu erkennen, was sie gerade in uns auslösen. Besonders in belastenden Situationen fällt uns das oft schwer. Wir spüren zwar, dass es uns nicht gut geht, etwas nicht richtig läuft, doch allzu oft machen wir trotzdem einfach weiter. Hier hilft es, kurz innezuhalten und über folgende Fragen nachzudenken:

- Wie geht es mir gerade?
- Wie fühle ich mich?
- Was brauche ich jetzt?
- Wie kann ich gelassen reagieren?

Lass dir in der Erziehung nicht zu viel reinreden

Wenn wir über Kindererziehung sprechen, liegt die Messlatte hoch. Kinder müssen gut erzogen sein, beste Startbedingungen für ihren weiteren Lebensweg erhalten, gesund und ausgewogen ernährt werden. Für sie muss jede Chance genutzt werden, alles muss perfekt sein und optimal laufen. Doch wer legt fest, was perfekt ist? Welche Kriterien für eine gute Erziehung gibt es? Wann benehmen sich Kinder gut oder schlecht?

Diese Fragen könnt ihr nur individuell für euch selbst beantworten. Es gibt keine allgemeingültige Definition für richtige oder falsche Erziehung. Natürlich gibt es gesellschaftliche Normen, die erwünscht sind, wie zum Beispiel anderen Menschen mit Respekt zu begegnen oder keine körperliche und psychische Gewalt anzuwenden. Doch wie ihr in eurer Familie Erziehung definiert, ist eure persönliche Angelegenheit.

Ich erlebe es immer wieder, dass jede Familie zwar ganz eigene Vorstellungen von Kindererziehung hat, aber trotzdem davon ausgeht, dass auch andere Menschen diese Ansichten teilen. Wenn dies nicht so ist, wundern sie sich.

Und wenn es um Erziehung, die darin angewandten Regeln und Prinzipien geht, scheiden sich die Geister umso mehr. Hier gibt es keine zwingend festgelegte Vorgehensweise, kein absolut richtig oder absolut falsch. Es muss für dich und deine Familie passen.

In diesem Zusammenhang ist es hilfreich, das Handeln anderer möglichst wenig zu bewerten. Was du für gut befindest, finden andere Eltern unnötig oder doof. Bei diesem Thema ist Zurückhaltung gefragt. Natürlich haben wir schon alle Situationen erlebt, bei denen wir im Stillen gedacht haben: „Das geht gar nicht, das Kind tanzt seinen Eltern auf der Nase herum. Es macht was es will und hält sich an keine Regeln." Doch wenn du so etwas den Eltern gegenüber laut äußerst, ist oft schnell Schluss mit Lustig. Kritische Kommentare über ihren Nachwuchs hören Mütter und Väter nicht gerne. Aber mal ganz ehrlich, du doch wahrscheinlich auch nicht!

Natürlich ist es menschlich, sich über das Verhalten von Kindern anderer Familien seine Meinung zu bilden oder sie insgeheim sogar zu kritisieren. Doch wir wissen oft nicht, ob wir richtig einschätzen, was wir gerade beobachtet haben. Kennen wir den ganzen Zusammenhang? Vielleicht ist die Situation durch eine Folge bestimmter Ereignisse der letzten Stunden entstanden.

WIE WIR DIE WELT SEHEN – EINE WAHRNEHMUNGSÜBUNG

Wir leben in ganz unterschiedlichen Gedankenwelten und jeder Mensch hat seine eigenen Vorstellungen. Wenn du zu 5 Personen sagst, stelle dir einen Vogel vor und beschreibe mir diesen oder male ihn, wirst du 5 verschiedene Vögel erhalten. Jede Person hat ihre ganz persönliche Definition von diesem Vogel. Selbst wenn du als Beispiel eine Amsel nimmst, von der wir alle ein ungefähres Bild im Kopf haben, werden die Beschreibungen zwar in manchen Punkten deckungsgleich sein, aber trotzdem noch Unterschiede aufweisen. An dieser Übung kannst du gut erkennen, wie unsere Wahrnehmung funktioniert und dass diese bereits bei einem so einfachen Sachverhalt wie der Beschreibung eines Vogels sich zum Teil stark unterscheidet.

Hier ist eine gewisse Zurückhaltung angebracht, genauso wie bei unerbetenen Erziehungstipps und Ratschlägen. Sie werden schnell als Beleidigung oder Hinweis auf persönliches Versagen empfunden, weil die meisten Eltern die eigenen Schwachpunkte ganz genau kennen und es natürlich nicht gerne mögen, wenn ihnen die vor Augen geführt werden.

Für mich gäbe es allerdings eine Situation, in die ich mich sofort einklinken würde, nämlich dann, wenn Gewalt ausgeübt wird. Ich erinnere mich an eine Szene auf dem Spielplatz vor etlichen Jahren. Unser Sohn spielte friedlich im Sandkasten vor sich hin. Ich saß in Sichtweite auf der Bank. Da kam ein anderes, etwas älteres Kind dazu und nahm unserem Sohn sein Förmchen weg, der daraufhin zu weinen begann. Ich ging zu den beiden hin und bat das andere Kind ihm das Förmchen zurückzugeben. Doch es wurde aggressiv und fing an zu schreien. Daraufhin kam die Mutter des Kindes hinzu und wollte ihren Sohn schlagen. Da griff ich ein und stellte die verdutzte Mutter zur Rede. So etwas geht nicht – Gewalt ist keine Lösung. Gerade in einem solchen Fall ist Zivilcourage gefragt.

Was wichtig ist – Werte in deiner Familie

Im Gegensatz zu solch unerfreulichen zufälligen Kontakten suchen wir uns als Freunde Familien aus, die ähnliche Ansichten und Neigungen haben wie wir. Da umgeben wir uns mit Gleichgesinnten, mit denen wir uns gerne treffen: Während die Kinder friedlich miteinander spielen, plaudern die Eltern entspannt miteinander. Das funktioniert besonders gut, wenn wir ähnlich ticken – sprich: ein ähnliches inneres Wertesystem haben.

Habt ihr schon mal darüber nachgedacht nach welchen Werten ihr in eurer Familie lebt? Vermutlich eher selten. Unsere Werte sind meist einfach da, sie bringen uns dazu, Dinge oder Situationen zu beurteilen, gut oder schlecht zu finden. Sie sind den ganzen Tag in unserem Unterbewusstsein aktiv und sagen uns, was wir zu tun oder zu lassen haben. Nach ihnen richten wir – oft ganz unbewusst – unser Leben aus, erziehen unsere Kinder, suchen uns unsere Freunde aus und manchmal sogar unseren Beruf. Sie sind allgegenwärtig und wie Leitplanken in unserem Leben, denn sie geben uns Orientierung, zeigen uns wo's lang geht und helfen uns Entscheidungen zu treffen.

> **!   WAS SIND WERTE?**
>
> Es gibt zwei Arten von Werten. Jeder Mensch und jede Familie hat individuelle Werte. Das sind bestimmte Vorstellungen, die wir selbst definieren. Sie sind durch unsere Erziehung, Bildung oder durch Erlebnisse in der Kindheit geprägt und daher sehr individuell. Individuelle Werte können sein: Gegenseitige Unterstützung, respektvoller Umgang, auf Schwächere achten, keine Gewalt dulden …
>
> Es gibt auch gesellschaftliche Werte, die innerhalb einer Kultur oder in einem Land gelten. Diese sind zum Beispiel Solidarität, Toleranz, Respekt, Höflichkeit, Wertschätzung …

Im Folgenden habe ich einige der Werte aufgelistet, die für viele Familien wichtig sind:

- Achtsamkeit
- Anstand
- Disziplin
- Empathie
- Gelassenheit
- Hilfsbereitschaft
- Kreativität
- Mut
- Ordnungsliebe
- Respekt
- Pünktlichkeit
- Toleranz
- Verantwortungsbewusstsein
- Zielstrebigkeit

UNSERE FAMILIENWERTE

In der Familie ist es wichtig, die eigenen Werte zu kennen. Sie werden von den Eltern vorgelebt und vielfach von den Kindern übernommen. Habt ihr euch schon einmal darüber Gedanken gemacht, welche Werte für euch wichtig sind und wie ihr diese im Alltag leben wollt? Falls nicht, könnt ihr dies mithilfe der folgenden Fragen herausfinden:

- Welche Werte sind in unserer Familie wichtig?
- Wie leben wir diese im Alltag?
- Was ist für mich selbstverständlich?
- Was würde ich niemals tun?
- Wie wirken sich diese Werte auf unser Zusammenleben aus?
- Wie reagiere ich, wenn jemand meine Wertvorstellungen missachtet?

Wenn Menschen gegen unsere Werte verstoßen, findet unser internes Wertesystem dies nicht gut. Wir ärgern uns darüber, fühlen uns angegriffen und tun manchmal unseren Unmut kund. Wenn du beispielsweise sehr ordentlich bist, aber ein Kind hast, das eher unordentlich und chaotisch ist, gefällt dir das nicht. Dabei vergisst du wahrscheinlich: Für Kinder ist Ordnung nicht wichtig, sie sehen deren Notwendigkeit nicht. Man kann doch auch in einem unordentlichen Zimmer wunderbar spielen oder Schuhe und Jacke gleich im Flur liegen lassen. Sie werden ja genau dort bald wieder angezogen. Dies führt natürlich im Alltag zu Konflikten und du fängst irgendwann an, dich zu beschweren und zu schimpfen und versuchst, deinem Kind beizubringen, dass Ordnung wichtig ist. Dein Kind interessiert das aber überhaupt nicht.

Ein Kompromiss bringt dich oft weiter

Dann ist der richtige Zeitpunkt gekommen, um darüber nachzudenken, ob es sinnvoll ist, an deiner Ordnungsliebe festzuhalten oder einen Kompromiss einzugehen. Muss das Wohnzimmer am Abend perfekt aufgeräumt sein, oder ist es für dich auch okay, wenn die Spielsachen in einer Ecke ihren Platz haben, damit dein Kind am Morgen gleich wieder damit spielen kann? Das wird für dich vermutlich nicht ganz einfach zu ertragen sein, doch es ist eine gute Lösung. Du rückst etwas von deinem Wert „Ordnung" ab, zeigst deinem Kind aber gleichzeitig Möglichkeiten, wie es Ordnung halten kann, ohne seine Kreativität zu lähmen. Das macht den Familienalltag wesentlich entspannter.

Solche „kleinen" Regeln kannst du deinem Kind schon früh mit auf den Weg geben. Wenn das Kind im Wohnzimmer seine Spielecke hat, ist das vollkommen in Ordnung. Andererseits muss es aber auch akzeptieren, wenn wir nicht im ganzen Wohnzimmer Spielzeuge dulden und die Sachen abends in die Spielecke geräumt werden. Solche kleinen Regeln bringen Kinder weiter und erleichtern uns den Alltag. Sie müssen die Regeln allerdings auch verstehen.

Gerade im Kleinkindalter haben Kinder andere Perspektiven als wir. Wenn sie anfangen sich zu bewegen, Krabbeln und Laufen lernen, erweitert sich ihr Blickfeld. Bis zu einer Höhe von 50 Zentimetern über dem Boden sehen sie jetzt alles. Und was sie da entdecken, will natürlich erkundet werden. Egal ob der Couchtisch aus Glas, Steckdosen, Schranktüren, Schubladen – nichts ist vor ihnen sicher. Das ist völlig verständlich, denn nur so können sie sich weiter entwickeln. Aus Ihnen werden Forscher und Entdecker.

Als Erwachsene weißt du natürlich, dass man Schränke und Schubladen nicht ungefragt öffnet, und dass es gefährlich ist, den Finger in die Steckdose zu stecken. Und du möchtest, dass dein Kind dies auch versteht. Das kann es aber erst ab einem bestimmten Alter, Kleinkinder sind dafür noch zu jung. Deshalb ist es wichtig, dass du eine Umgebung schaffst, in der sich dein Kind frei entfalten und die Welt entdecken kann, in der du dich aber immer noch wohlfühlst. Denn wenn dein Kind ständig gegen deine Werte, in diesem Fall deinen Ordnungssinn, handelt, führt dies irgendwann zu Konflikten. Du ärgerst dich darüber, dass dein Kind nun schon zum dritten Mal dein Kerzen-Arrangement vom Couchtisch schubst, wirst wütend und schimpfst mit ihm. Für dein Kind ist der Couchtisch samt Deko aber ein Abenteuerland, das erkundet werden muss. Es tut dies nicht, um dich zu ärgern.

Deshalb ist es gut, wenn du ein wenig von deinen Werten und Prinzipen abrückst und deinen Toleranzbereich erweiterst, bis dein Kind aus dem Kleinkindalter heraus ist, und es versteht, dass du bestimmte Dinge nicht möchtest und es Regeln gibt, an die es sich halten soll.

Die Eltern von Karl lieben Bücher; in ihrem Wohnzimmer befindet sich eine große Bücherwand, mit vielen wertvollen Exemplaren. Als Karl zu krabbeln beginnt, ist diese Wand sein erstes Ziel. Sie wird zu seinem Lieblingsobjekt im Wohnzimmer und als er alleine sitzen kann, setzt er sich mehrmals täglich vor das Regal und räumt die unterste Bücherreihe aus. Seinen Eltern gefällt das natürlich nicht, denn das ständige Ausräumen hinterlässt unschöne Spuren an den Büchern. Sie versuchen ihm zu erklären, dass sie das nicht möchten. Karl interessiert das natürlich wenig. Seine Mama sagt zig mal am Tag: „Karl, hör auf, ich möchte das nicht", und nimmt ihn vom Bücherregal weg. Doch er reagiert jedes Mal mit lautstarkem Geschrei und macht sich wieder auf den Weg zum Regal.

Irgendwann haben die Eltern ein Einsehen und füllen das unterste Regalfach mit günstigen Taschenbüchern und Kinderbüchern. Mit denen kann Karl jetzt spielen und er hat große Freude daran.

Bevor du ein Kind hattest, konntest du nach deinen individuellen Wertvorstellungen leben. Sobald Nachwuchs da ist, ist das nicht mehr so einfach und du musst deine Überzeugungen gegebenenfalls korrigieren oder deinen Wertehorizont etwas erweitern, damit kein Stress aufkommt. Manchmal ist dies ziemlich einfach, du musst nur deinen Blickwinkel ändern und deine Werte etwas anpassen, damit sie in deine jeweilige Lebensphase passen. Du sollst dich nicht verbiegen, doch sie sollen für dich und deine Familie stimmig sein und alle Familienmitglieder sollten damit leben können.

Geh mit deinem Kind deinen eigenen Weg

Wir haben ja schon festgestellt: Eltern sein ist nicht immer einfach. Manchmal ist es sogar richtig anstrengend, nervenaufreibend und kein Zuckerschlecken. Denn es gibt ja auch keine Anleitung dafür. Wir sind es irgendwann, und dann wachsen wir in diese Rolle hinein. Dabei gelingt uns manches gut, anderes weniger gut.

So gibt es viele Situationen, auf die wir vermutlich weniger stolz sind: Etwa dann, wenn wir nicht wie aus dem Ei gepellt mit unseren Kindern das Haus verlassen, wenn die Küche aussieht wie ein Schlachtfeld, sich im Badezimmer Wäscheberge türmen oder die Frühstücksbox des Kindes zu Hause vergessen wurde. Und insbesondere dann, wenn wir die Nerven verlieren und mit unserem Kind schimpfen.

Nach solchen Gefühlsausbrüchen geht es uns meist nicht gut. Wir haben ein schlechtes Gewissen, fühlen uns mies und haben das Gefühl, die Situation nicht unter Kontrolle oder versagt zu haben. Wenn unser Kind dann entsprechend reagiert, zu weinen anfängt, trotzig wird oder zu schreien beginnt, dann führt das häufig dazu, dass sich unsere negativen Gefühle noch verstärken. Wir hinterfragen uns und denken: „Was mache ich nur falsch? Warum gelingt es mir nicht, ruhig zu bleiben? Warum habe ich mich nicht unter Kontrolle?" In uns kommt die Angst auf, schlechte Eltern zu sein.

ÄNGSTE !

Angst ist im Grunde genommen ein hilfreiches Gefühl. Es warnt uns vor Bedrohungen und Risiken und schützt uns vor Gefahren, weil es uns vor Fehlern bewahrt. Es ist ein Frühwarnsystem des Körpers, das auch schon zu arbeiten beginnt, wenn wir uns eine Gefahrensituation oder ein schlimmes Ereignis nur vorstellen. Angst zeigt sich meist durch Nervosität oder innere Unruhe. Geben wir unseren Ängsten jedoch zu viel Raum, können sie sich zu krankhaften Störungen und Phobien entwickeln, die uns das Leben schwer machen.

Grundsätzlich ist es gut, wenn wir unser Verhalten hinterfragen, doch wir sollten nicht zu kritisch mit uns sein. Wir wollen für unser Kind ja nur das Beste. Es kann aber nicht immer alles reibungslos laufen. Wir haben gute und schlechte Tage, wie unser Kind auch, und dann gelingt es uns nicht immer, gelassen zu bleiben. Warum werden wir unseren Kindern gegenüber laut? In meinen Gesprächen haben mir Eltern zahlreiche Gründe genannt. Wir schimpfen:

- weil wir gestresst sind
- weil wir unter Zeitdruck stehen
- weil wir schlechte Laune haben
- weil wir müde sind
- weil heute nichts nach Plan läuft
- weil unsere Bedürfnisse keinen Raum haben
- weil wir perfekt sein wollen
- weil unser Kind nicht auf uns hört
- weil wir uns schämen

Jeder dieser Gründe ist nachvollziehbar. Manchmal hat der Tag nicht genügend Stunden, um alle uns gestellten Aufgaben bei der Arbeit, im Haushalt und der Familie zu erledigen. Wenn zu viel auf einmal zusammenkommt, stoßen wir an unsere Grenzen und schimpfen mit unseren Kindern, obwohl ihr Verhalten wahrscheinlich nur der letzte kleine Tropfen ist, der das Fass zum Überlaufen bringt. Sie bekommen unseren gesamten Unmut ab, obwohl sie nur zu einem kleinen Teil an unserer Überforderung schuld sind. Und das ist natürlich nicht richtig.

Ein weiterer Auslöser für negative Gefühle wie Scham sind die Erwartungshaltungen anderer an uns und unsere Familie. Wenn wir die nicht erfüllen, so wird uns suggeriert, gehören wir nicht dazu. Die meisten Menschen sind aber Herdentiere, sie wollen gemocht werden, dazu gehören und nicht negativ auffallen. Wenn sich unser Kind anders verhält, als es die Erzieherin in der Kita oder andere Eltern erwarten, fällt es auf. Es kommt zu Irritationen und zu kritischen Nachfragen. Und wir schämen uns dann.

Die Normen der Anderen müssen nicht deine sein

Tim bewegt sich viel und spielt leidenschaftlich gern mit Fahrzeugen. Eines Tages ist er mit seiner Mama bei Emma, einem Mädchen, das er noch aus der Pekipgruppe kennt. Die Kinder spielen im Wohnzimmer, und die Mütter sitzen auf der Couch und unterhalten sich. Tim rennt mit einem Auto durchs Wohnzimmer und macht Motorengeräusche dazu. Emma spielt ruhig auf dem Teppich mit Bauklötzen und sucht häufig die Nähe zu ihrer Mutter. Nach einiger Zeit sagt Emmas Mutter zu Tims Mama: „Ich wollte dich das immer schon fragen. Ist mit Tim alles in Ordnung? Er ist immer so ungestüm und wild. Ich habe den Eindruck er ist hyperaktiv.“

Solche Aussagen lassen bei uns den Puls sofort in die Höhe schnellen. Wer so etwas zu hören bekommt, fragt sich unwillkürlich: Was soll das? Wird mein Kind angegriffen, weil es sich nicht der „Norm“ entsprechend verhält? Aber welche Norm ist das? Es ist die Norm der Anderen. Tims Mutter hätte ebenso kritisch fragen können: „Ist mit Emma alles in Ordnung? Sie ist immer so still und leise…“

Ich kann hier nur mit Nachdruck sagen: Hört auf, eure Kinder miteinander zu vergleichen! Der eigene Erfahrungshorizont kann nicht als allgemeingültige Richtschnur genommen werden. Kinder sind, genau wie Erwachsene, nun mal eigenständige Individuen, und jedes Kind hat seine Charaktereigenschaften, seine Stärken und Schwächen und das ist gut so.

Auch in seiner Entwicklung hat jedes Kind sein eigenes Tempo und dies sollte man ihm lassen. Das eine kann früh sitzen, das andere eher reden, manche Kinder krabbeln nicht, stehen dafür aber sofort auf eigenen Füßen. Das ständige Vergleichen – es fängt schon im Babyalter an – ist zwar an der Tagesordnung, doch viele von uns Eltern macht es wahnsinnig. Es schürt unsere Ängste und wir machen uns Sorgen, wenn unser Kind etwas später dran ist. Aus unserem Umfeld hören wir dann Bemerkungen wie: „Läuft er noch nicht?" „Sie redet aber wenig." „Er ist aber ein schlechter Esser." „Sie müsste doch mal durchschlafen." Das ist meist nicht böse gemeint, doch es verunsichert uns und lässt uns an unserem Kind zweifeln.

Ich kann dir nur raten, solche Aussagen nicht ernst zu nehmen. Jedes Kind braucht für seine Entwicklung unterschiedlich viel Zeit. Wenn dein Kind gesund ist, wird es in der Regel mit 2 Jahren laufen und sprechen können. Falls du das Gefühl hast, dass mit ihm etwas nicht in Ordnung ist, lass es von einem Arzt untersuchen. Doch wenn der keine Ursache für eine Entwicklungsverzögerung findet, lass es gut sein. Jedes Kind entwickelt sich in seinem eigenen Tempo, manche sind Kickstarter und andere brauchen etwas länger. Aber das spielt keine Rolle. Wichtig ist, dass es deinem Kind gut geht und es sich in einer vertrauensvollen Umgebung frei und ohne Druck entwickeln kann.

In unserer Gesellschaft wird vieles zur Schau gestellt: Autos, Häuser, sportliche und berufliche Erfolge – und leider genauso die Kinder. Das Schneller, Höher, Weiter wird durch Zeitungen, Fernsehen und Internet in alle Lebensbereiche getragen, und gilt inzwischen eben auch in der Kindererziehung. Andere zu beurteilen ist normal geworden.

Lass dir von außen keinen Druck machen und versuche nicht, die Erwartungen der anderen zu erfüllen. Vertraue dir und deiner Intuition. Wenn andere dir einreden wollen, mit deinem Kind stimme etwas nicht oder es verhalte sich falsch, lass dich nicht darauf ein. Es ist dein Kind und deine Familie, ihr bestimmt, was wichtig ist und welches Tempo das richtige für euch ist. Alles andere führt zu Stress und womöglich sogar dazu, dass du mit deinem Kind schimpfst, weil es die Erwartungen nicht erfüllt, die Andere haben. Höre stattdessen auf dein Gefühl, lass dich nicht aus der Ruhe bringen. Dein Kind wird sich gut entwickeln, und wenn es mehr Zeit für bestimmte Dinge braucht, dann ist das eben so!

Im Beispiel von Tim könnte seine Mama auf die versteckte Kritik von Emmas Mutter mit Scham und Angst reagieren: „Was denkt sie nur über mein Kind, hier werden wir bestimmt nicht mehr eingeladen." Sie könnte mit ihrem Sohn schimpfen und versuchen, sein Verhalten zu ändern: „Hör auf, mit dem Auto durch die Wohnung zu fahren. Sei mal leise, wir können uns ja gar nicht unterhalten." Dann wäre Tim bestimmt verunsichert, denn er will ja nur so spielen, wie sonst auch, und er tut ja mit seinem Spiel keinem weh. In solchen Fällen ist es wichtig, souverän zu reagieren und sich nicht durch die Erwartungshaltung anderer unter Druck setzen zu lassen. Dabei hilft es, die Situation kurz von außen zu betrachten. Tims Mama könnte sich fragen, was hinter der Aussage von Emmas Mutter steckt. Vielleicht hat sie ja deshalb ein Problem mit Tims Verhalten, weil ihr Kind so zurückhaltend ist. Möglicherweise ist sie ja auch neidisch, dass Tim so ein aufgewecktes und lebhaftes Kind ist.

ANGRIFFE SOUVERÄN ABFEDERN

Wenn andere dein Kind oder dich angreifen, führt dies bei dir zu Verunsicherung oder Verärgerung. Damit du diese Gefühle nicht mit dir herumschleppst, ist es wichtig, die Aussagen für dich richtig einzuordnen. Dann kann dir das Gesagte wenig anhaben, denn du weißt ja wie es sich damit verhält. Folgende Fragen helfen dir dabei:

• Was will sie mir damit sagen?
• Was trifft/ärgert mich an dieser Aussage?
• Wie kommt sie darauf?
• Was hat das Ganze mit mir oder meinem Kind zu tun?
• Was ist eine angemessene Reaktion auf diese Aussage?

Erzieh dein Kind auf Augenhöhe

Im Leben deines Kindes bist du in seinen ersten Lebensjahren die wichtigste Person. Es lernt von Dir, kopiert dein Verhalten, es vertraut dir und glaubt an dich. Kurzum, du bist sein Vorbild.

Kinder lieben und vertrauen uns als Eltern bedingungslos und deshalb ist es wichtig, dass wir dieses Vertrauen nicht enttäuschen. Sie brauchen ein liebevolles, zuverlässiges Zuhause, müssen wissen, woran sie sind und worauf sie sich verlassen können. Sie brauchen einen sicheren Rahmen, in dem sie sich frei bewegen können, der ihnen aber auch Halt gibt. Natürlich werden sie immer wieder versuchen, diesen Rahmen zu überschreiten, das ist wichtig für ihre Entwicklung und völlig in Ordnung. Sie müssen sich ausprobieren und Grenzen austesten. Doch dann ist es notwendig, dass dieser Rahmen aus klaren Regeln besteht, die sie verstehen.

Den meisten Eltern ist es wichtig, ihr Kind auf Augenhöhe zu erziehen. Das bedeutet, dass Kinder den gleichen Respekt verdient haben wie Erwachsene. Sie brauchen unseren Schutz und unsere bedingungslose Liebe. Wir sollen sie ernst nehmen und dürfen ihre Ängste und Sorgen nicht lächerlich machen oder herunterspielen.

Augenhöhe heißt für mich aber nicht, dass Eltern und Kinder gleich sind. Wir tragen als Erwachsene die Verantwortung für unser Kind, für sein Leben, für seine körperliche und geistige Entwicklung und für seine Gesundheit, und deshalb sollten wir in kritischen Situationen das Sagen haben. Das heißt für mich aber auch, dass wir unser Kind konsequent und liebevoll begleiten, es unterstützen und ihm Hilfe anbieten, es in einem bestimmten Rahmen aber eigene Erfahrungen machen lassen, solange es sich damit nicht ernsthaft schadet.

Doch viele Eltern verwechseln Erziehung auf Augenhöhe mit einer Gleichstellung der Kinder in der Familie oder sogar einer Unterordnung der Erwachsenen. Sie sind bereit:

- alle Bedürfnisse ihrer Kinder sofort zu befriedigen
- das Kind den Takt angeben zu lassen

- alles zu tun, was das Kind sich wünscht
- dem Kind alle Freiheiten zu lassen
- das Kind in alle Entscheidungen mit einzubeziehen

Doch das kann nicht sein. Damit überfordern wir unsere Kinder. Insbesondere in ihren ersten Lebensjahren können sie noch keine wirklich überlegten Entscheidungen treffen. Sie handeln spontan, aus der Situation heraus, um ihre Bedürfnisse zu befriedigen. Sie können die Tragweite ihres Vorgehens noch gar nicht erfassen. Kleine Kinder haben kein Gefühl für Gefahr und würden blindlings über jede Straße laufen. Sie verstehen auch nicht, dass es dem anderen Kind weh tut, wenn sie es mit der Schaufel schlagen, oder dass ihr Kindergartenfreund traurig ist, wenn sie ihm die Spielsachen wegnehmen.

Freiraum mit einem vernünftigen Rahmen

In der Vorweihnachtszeit war ich in einer Bäckerei, vor mir eine lange Schlange. Ganz vorne stand eine Oma mit ihrer 2-jährigen Enkelin. Sie fragte das Kind: „Julie, was willst du haben? Du darfst dir aussuchen, was du willst." Das kleine Mädchen zeigte auf die Nikoläuse aus Schokolade. Daraufhin erklärte die Oma, dass Julie sich doch lieber ein Teilchen oder Kuchen aussuchen solle. Also entschied sich Julie für Apfelkuchen. Als die Verkäuferin ihn eingepackt hatte, wollte Julie dann doch lieber ein Croissant. Und als das in der Tüte verschwunden war, äußerte Julie den Wunsch nach einer Nussecke. Die Oma schaffte es nicht, Nein zu sagen, denn Julie fing sofort an zu weinen, wenn ihr ein Wunsch nicht erfüllt wurde, und bald war die Einkaufstüte prall gefüllt. Irgendwann sagte ein Mann in der Schlange: „Das ist doch der Wahnsinn. Die Kleine kann doch noch gar nicht abschätzen, was sie will." Trotzdem durfte Julie sich noch zwei Teilchen aussuchen, bevor Oma und Enkelin mit zwei vollen Tüten die Bäckerei verließen.

Dieses Beispiel zeigt sehr schön, dass ein Kind überfordert ist, wenn es solche Entscheidungen treffen soll. Die Backwaren sehen alle lecker aus und natürlich will es sich nicht nur eines aussuchen. Es würde am liebsten alles essen. Hier hätte die Großmutter einen Rahmen setzen und ihrer Enkelin eine begrenzte Auswahlmöglichkeit bieten müssen: „Julie, du darfst dir ein Teilchen aussuchen. Möchtest du lieber eine Zimtschnecke oder eine Nussecke." Julie hat dann immer noch eine Wahl, sie darf sich zwischen zwei Dingen entscheiden, wird aber nicht von dem Überangebot an Waren überwältigt.

Augenhöhe heißt also nicht, dass die Entscheidungsfreiheit beim Kind liegt und der Nachwuchs alles bestimmt und den Ton angibt. Denn wenn das der Fall ist, bist *du* nicht mehr auf Augenhöhe. Dein Kind steht über dir, es hat dich im Griff und irgendwann ist deine Geduld zu Ende. Dann machst du Ansagen, an die sich dein Kind aber nicht hält. Es ist ja daran gewöhnt, dass es „der Bestimmer" ist und wird kein Nein akzeptieren. Du wirst womöglich laut und schimpfst, doch auch das hilft nichts.

Wir tragen die Verantwortung dafür, dass Kinder Entscheidungen im Rahmen ihrer Möglichkeiten treffen können. Wie groß dieser Rahmen ist, kommt auf das Alter des Kindes an. Ist es noch klein, ist der Freiraum, in dem es sich bewegen kann eben noch klein und wird je nach Entwicklungsschritt erweitert. Es ist wichtig, dass dein Kind selbst Erfahrungen macht und daraus lernt. Und mit jeder Erfahrung, die es macht, wächst die Kompetenz deines Kindes. Wir dürfen es aber nicht überfordern. Es ist wichtig, dass ein Entwicklungsschritt nach dem anderen gemacht wird und dabei kein Druck entsteht. So kann dein Kind behutsam heranwachsen.

Werde zum Bedürfnisdetektiv

Hinter allem was wir Menschen tun, steckt ein Bedürfnis. Wir wollen etwas bekommen, was wir nicht haben und handeln dann, um dieses Ziel zu erreichen. Es gibt viele unterschiedliche Bedürfnisse und es ist nicht immer leicht zu erkennen, was andere erfüllt haben wollen. Sogar uns selbst ist das oft nicht so recht klar.

DIE BEDÜRFNISPYRAMIDE !

Die menschlichen Bedürfnisse bauen laut dem US-Psychologen Andrew Maslow aufeinander auf. Wenn die Bedürfnisse einer Stufe einigermaßen befriedigt sind, entsteht im Menschen der Wunsch, die Bedürfnisse der nächsten Stufe erfüllt zu bekommen.

Selbst-
verwirklichung
(Persönlichkeits-
entwicklung, Entfaltung
von Talent und Kreativität)

Individualbedürfnisse
(Anerkennung, Ansehen, Freiheit, Erfolg)

Soziale Bedürfnisse
(Liebe, Geborgenheit, Zugehörigkeit)

Sicherheitsbedürfnisse
(Sicherheit, Schutz, Angstfreiheit)

Grundbedürfnisse
(Essen, Trinken, Schlafen)

Bedürfnisse hat ein Mensch bereits von Geburt an. Ein Baby weint, weil es Hunger hat, müde ist oder es die Nähe seiner Eltern sucht. Es möchte, dass seine Grund- und Sicherheitsbedürfnisse befriedigt werden. Es weint also nicht, um dich zu ärgern oder um zu sehen, wer das Sagen hat. Das müssen wir uns immer wieder vor Augen halten. Denn es keimt in uns doch manchmal der Verdacht auf, dass unser Kind uns mit seinem Verhalten herausfordern will. Das stimmt natürlich nicht. Kinder tun nichts, um uns bewusst zu ärgern. Sie sind kleine, liebenswerte Egoisten und möchten einfach nur, dass ihr Bedürfnis befriedigt wird. Dabei denken sie natürlich nicht daran, dass wir Eltern auch Bedürfnisse haben. Das können sie frühestens ab dem 4. Lebensjahr, wenn sich ihre Empathie, ihre Fähigkeit, die Gefühle anderer nachzuempfinden, entwickelt.

Mein Wunsch + dein Wunsch = Kompromiss

Oft genug prallen unterschiedliche Bedürfniswelten aufeinander.

Du kommst nach einem ereignisreichen Tag nach Hause und möchtest am liebsten deine Ruhe haben. Dein Kind ist ganz aufgedreht, weil es heute mit der Kitagruppe im Zoo war und die Elefanten füttern durfte. Es will auf deinen Schoss, hört gar nicht mehr auf zu erzählen und möchte, dass du mit ihm Zoo spielst. Als Erwachsene bist du selbstverständlich in der Lage, deine Bedürfnisse für dein Kind zurückzustellen. Du verzichtest also erst mal auf Ruhe und Entspannung und gehst auf dein Kind ein. Aber nur bis zu einem gewissen Grad. Wenn du zum vierten Mal an diesem Abend den Elefanten spielst und dein Kind dir sagt: „Mama, du machst das nicht gut, du bist kein richtiger Elefant", kann dir der Geduldsfaden reißen und du schimpfst: „Jetzt ist aber mal gut, dann spiel jetzt einfach alleine weiter. Ich will auch mal meine Ruhe haben."

Solche Szenen kennen wir alle. Statt wohlverdient die Füße hochzulegen spielst du mit, aber dann ist dein Legoturm nicht hoch genug, und deine Sandkuchen sind nicht schön „gebacken". Hier solltest du bereits im Vorfeld in dich hineinhören und versuchen herauszufinden, was deine Bedürfnisse und was die deines Kindes sind und wie ein guter Kompromiss aussehen könnte.

Du könntest folgendermaßen reagieren:

1. Ich nehme wahr, dass ich mich nach einer Auszeit sehne, allerdings möchte mein Kind mir von seinem Tag berichten und freut sich auf mich.
2. Ich fühle mich müde und ausgelaugt, freue mich aber auch auf mein Kind.
3. Ich brauche Ruhe und will schlafen. Mein Kind möchte Aufmerksamkeit und Anerkennung.
4. Ich werde mich mit meinem Kind auf die Couch setzen und mir von seinem Tag erzählen lassen. Dann lesen wir noch eine Geschichte und gehen schlafen. Morgen spielen wir dann Zoo.

Diese Form der Kommunikation nennt man bedürfnisorientierte Kommunikation. Sie hilft dir, die Bedürfnisse deines Kindes und deine eigenen Bedürfnisse zu erkennen und eine Lösung zu finden, die allen gerecht wird. Da wird dann ein Kompromiss geschlossen, bei dem alle Beteiligten ein wenig zurückstecken müssen.

BEDÜRFNISORIENTIERTE KOMMUNIKATION

Wenn Du bedürfnisorientiert mit deinem Kind sprechen willst, helfen dir diese vier Schritte. Sie gehen auf das Modell der gewaltfreien Kommunikation von Marshall Rosenberg zurück.

1. Beobachtungen
Was nehme ich wahr? Was beobachte ich?

2. Gefühle
Was fühle ich? Wie geht es mir?

3. Bedürfnisse
Welche Bedürfnisse stecken hinter meinen Gefühlen?

4. Bitten
Was möchte ich tun? Um was kann ich jemanden bitten?

In stressigen Situationen fällt uns diese Reflektion nicht immer leicht. Wir sind ganz darin gefangen, reagieren spontan und oft gesteuert durch unser schlechtes Gewissen. Unser Kind will von seinem Tag erzählen und Zoo spielen. Wir wollen etwas ganz anderes. Sind wir darum schlechte Eltern? Nein!

Erziehung auf Augenhöhe heißt immer, die Bedürfnisse aller Familienmitglieder zu respektieren und zu versuchen diese unter einen Hut zu bekommen. Es heißt nicht, dass du deine Bedürfnisse immer zurückstellst, damit deine Familie glücklich und zufrieden ist. Erziehung auf Augenhöhe heißt tragfähige Kompromisse zu finden und respekt- und liebevoll miteinander umzugehen.

WAS PRÄGT DICH? –
DEINE INNEREN ÜBERZEUGUNGEN

*Computer werden durch Programme gesteuert. Bei uns
Menschen ist das mit den inneren Überzeugungen ähnlich.
Sie sind wie Programmierungen seit der Kindheit auf unserer
Festplatte eingebrannt und steuern uns manchmal ein Leben
lang. Doch wenn sie negativ sind, behindern sie uns und müssen
repariert werden. In diesem Kapitel erfährst du, wie dieses
„Umprogrammieren" funktioniert, sodass aus einem „Das wird
sowieso nichts" ein „Glaub an Dich! Du schaffst das!" wird.*

Fühlst du dich manchmal fremdgesteuert? Tust du Dinge, die dir
nicht gefallen oder von denen du nicht überzeugt bist, und fühlst du
dich danach nicht gut? Reagierst du völlig anders, als du es dir eigentlich vorgenommen hattest und ärgerst dich im Nachhinein darüber? Das liegt daran, dass du, genau wie wir alle, von inneren Überzeugungen gesteuert wirst, die wir schon seit der Kindheit haben.
Man kann sie auch Glaubenssätze nennen. Sie haben allerdings
nichts mit religiösen Vorstellungen zu tun, sondern damit, an welche Dinge wir glauben. Da diese inneren Überzeugungen sehr stark
unser Denken und Handeln beeinflussen, wirken sie sich auch auf
unser Zusammenleben aus und damit natürlich darauf, wie wir unsere Kinder erziehen.

GLAUBENSSÄTZE

Glaubenssätze sind gedankliche Annahmen und Überzeugungen über uns selbst und die Welt, z. B. „Ich bin glücklich" oder „Ich bin nicht wertvoll". Sie begleiten uns meist schon seit der Kindheit und beeinflussen uns täglich in unseren Denkweisen, Gefühlen und Handlungen. Jeder Mensch hat individuelle Glaubenssätze, nach denen er handelt und Situationen bewertet. Ob diese Annahmen der Wahrheit entsprechen, ist nicht entscheidend. Wir glauben sie und deshalb beeinflussen sie uns. Meist ist uns das nicht bewusst. Wir haben sie durch Erziehung und Erfahrung unbewusst verinnerlicht und sie prägen uns.

Finde heraus, was dich prägt

Welche Rolle spielen unsere Glaubenssätze bei der Erziehung? Haben sie etwas damit zu tun, dass wir manchmal die Nerven verlieren und dann schimpfen und meckern? Das ist durchaus so.

Glaubenssätze beeinflussen uns ein Leben lang. Ähnlich wie unsere Werte sind sie Leitplanken für uns. Nur können wir sie nicht selbst bestimmen, sie prägen uns in unserer Kindheit und behindern oder unterstützen uns noch als Erwachsene. Wenn jemand dagegen verstößt, finden wir das nicht gut und können deshalb ungehalten werden. Außerdem prägen wir als Eltern auch die Glaubenssätze unseres eigenen Kindes. Gerade deshalb ist es wichtig, zu wissen, wie sie wirken und was sie alles auslösen können.

So entstehen innere Überzeugungen

Bereits in der Kindheit werden Glaubenssätze angelegt und sie verfestigen sich im Laufe unseres Lebens. Wir erhalten von Eltern,

Großeltern, Erzieherinnen, Lehrern und anderen Bezugspersonen in unserem sozialen Umfeld unterschiedliche Erklärungen und Botschaften. Einige dieser Aussagen verinnerlichen wir so sehr, dass sie sich zu Glaubenssätzen entwickeln.

Welche Botschaften bei uns wirken und sich verfestigen, ist von Mensch zu Mensch verschieden. Selbst bei Kindern, die in dem gleichen familiären und sozialen Umfeld aufwachsen, unterscheiden sich ihre Glaubensätze. Es kommt auf die Persönlichkeit und den Charakter des Kindes an, welche Botschaften es annimmt und als eigene Überzeugung verinnerlicht und welche es überhaupt nicht berühren.

Hast Du in der Kindheit häufig gesagt bekommen: „Sei lieb und nett, sonst mögen dich die anderen nicht"? Dann kann sich dieser Satz so fest in deinem Inneren verankern, dass du heute als Erwachsene immer noch unbewusst danach handelst. Du bist immer hilfsbereit, freundlich und zuvorkommend. Du machst es jedem recht und stellst deine eigenen Bedürfnisse zurück. Denn du willst ja gemocht werden. Die Annahme hinter den negativen Glaubenssätzen ist dann: „Wenn ich mich korrekt verhalte, hat mich meine Bezugsperson lieb."

Auf die Botschaft „Sei lieb und nett, sonst mögen dich die anderen nicht" könntest du aber auch völlig gegensätzlich reagieren und Widerstand leisten. Du bist nicht nett, sagst deine Meinung und nimmst in Kauf, nicht gemocht zu werden. Jeder Mensch reagiert also anders auf solche Botschaften.

Wichtig ist es jedoch zu erkennen, wann und wie die inneren Überzeugungen aus der Kindheit unser Verhalten als Erwachsene manipulieren. Wenn dein Chef vor dir steht und dir eine unangenehme Aufgabe übertragen will, für die du eigentlich keine Zeit hast, wirst du entweder nett sein und die Aufgabe annehmen oder ihm deutlich zu verstehen geben, dass du dies nicht tun wirst. Du wirst dabei vermutlich nicht überlegt und souverän handeln, Vor- und Nachteile abwägen, um dann entsprechend zu antworten. Gesteuert von deinen Glaubenssätzen wirst du emotional und unbewusst handeln. Und wenn du in diesem Fall nett bist und die Aufgabe übernimmst, dich das aber stresst, stauen sich deine Emotionen auf und werden sich in deinem privaten Umfeld entladen. Du wirst ungehalten gegenüber deinem Partner oder deinem Kind, obwohl die rein gar nichts mit der Situation zu tun haben.

Der Einfluss der Glaubenssätze auf uns

Es gibt negative und positive Glaubensätze. Die negativen schränken uns ein, sabotieren uns, die positiven machen uns selbstbewusst und stärken uns.

Hier einige Beispiele für negative Glaubenssätze, die unsere Lebensfreude beeinträchtigen und unser Selbstbewusstsein sabotieren können:

- Das kannst du nicht schaffen!
- Freue Dich nicht zu früh!
- Das wird sowieso nichts!
- Du bist ein richtiger Pechvogel!
- Die anderen sind besser als du!
- Halte dich zurück, das stört die anderen!
- Streng dich endlich mal an!
- Mach dir darüber keine Gedanken, das entscheidest du nicht!
- Sei immer schön nett und brav, sonst mögen dich die anderen nicht!

Natürlich wird kein Elternteil solche Sätze aussprechen, um sein Kind absichtlich „klein zu machen" oder ihm zu schaden. Sie werden meist so dahergesagt, weil das Umfeld sie in diesem Moment als passend erachtet. Es hinterlässt auch keine nachhaltigen Schäden, wenn man in der Kindheit gelegentlich negative Rückmeldungen erhält. Das ist Teil der Erziehung und gehört nun mal zu den Aufgaben unserer Bezugspersonen. Denn Kinder können nicht immer tun und lassen, was sie möchten, sie müssen auch ein Nein akzeptieren. Was aber passiert, wenn sie ständig solche negativen Botschaften zu hören bekommen und gleichzeitig spüren, ich werde nur geliebt oder wertgeschätzt, wenn ich mich dementsprechend verhalte? Dann verfestigt sich diese Botschaft zum Glaubenssatz und sie sind irgendwann selbst überzeugt davon, immer zurückhaltend und höflich sein zu müssen, damit sie Wertschätzung erhalten. Und das wirkt sich bis ins Erwachsenenalter aus.

Anna war ein temperamentvolles Kind, sie konnte auch mal schreien und zornig werden. Dann hat sie wütend mit dem Fuß aufgestampft und herumgebrüllt. Deshalb musste sie in ihrer Kindheit oft den Satz mitanhören: „Anna flippt wieder mal völlig aus. Sie hat sich einfach nicht im Griff." Und wenn sie ihre Wutanfälle hatte, wurde sie in ihr Zimmer geschickt, um sich zu beruhigen. Dies löste bei ihr das Gefühl aus, nicht „richtig" zu sein. Obwohl sie Nähe gebraucht hätte, wurde sie mit Liebesentzug bestraft. Dadurch verfestigt sich bei Anna im Laufe ihres Lebens der Gedanke, dass sie nur geliebt wird, wenn sie ruhig und brav ist. Als Erwachsene unterdrückt sie nun negative Emotionen und traut sich nicht mehr, ihre Meinung zu sagen. Sie hat Angst, dass sie negativ auffällt oder nicht gemocht wird.

So etwas passiert nicht, wenn du einmal mit deinem Kind schimpfst oder es ungerecht behandelst. Eine Aussage wird immer erst zum Glaubenssatz, wenn diese in einer bestimmten Situation mit einer Emotion verknüpft wird und sich öfters wiederholt. Anna hört mehrmals, dass es ihren Eltern nicht gefällt, dass sie ihren Gefühlen freien Lauf lässt und wird zudem noch mit Liebesentzug bestraft. Beides zusammen ist die Grundlage für einen Glaubenssatz. Anna denkt: „Ich bin nur gut, wenn ich still und brav bin." Bestimmt haben es die Eltern nicht böse gemeint und wollten Anna mit ihrer Aussage nicht einschränken. Vielleicht waren sie durch Annas Wutausbrüche genervt und haben deshalb so etwas gesagt. Da Anna aber mehrere solcher Erlebnisse hatte, die ihr immer wieder gezeigt haben, „es ist nicht gut, wenn ich wütend bin", nimmt sie sich zurück.

Wie hätte verhindert werden können, dass Anna diese negativen Erfahrungen als Glaubenssatz verinnerlicht? Wenn sie sich wieder beruhigt hatte, wird Anna erkannt haben, dass ihr Verhalten nicht korrekt war. Dafür musste sie sich aber quasi selbst den Spiegel vorhalten und von selbst darauf kommen, sie war ja allein in ihrem „Zimmerarrest". Da das vor allem für ein Kind schwierig ist, hätte ihre Mutter kurze Zeit später, wenn die Wut verflogen war, die Situation ruhig ansprechen und erklären sollen. So hätte Anna lernen können, dass Wut etwas Normales ist und mit ihrer Mutter Wege finden, ihren Unmut zu äußern ohne zu brüllen und zu stampfen.

Positive Botschaften stärken dein Kind

Doch genau wie negative Glaubenssätze uns sabotieren, gibt es auch positive Glaubensätze, die uns stärken und uns Kraft geben:

- Du bist ein toller Mensch!
- Wir haben Dich lieb, egal was du machst!
- Du schaffst das!
- Glaub an Dich!
- Du kannst alles erreichen!
- Du bist liebenswert, genau so wie du bist!
- Du darfst immer offen deine Meinung sagen!

Solche Aussagen lassen unser Selbstbewusstsein wachsen und machen uns zu souveränen, liebevollen Menschen, die an sich und ihre Fähigkeiten glauben. Deshalb brauchen wir gerade diese positiven Glaubenssätze im Alltag. Denn wenn es uns schlecht geht, sind sie unsere innere Stimme, die uns sagt, dass wir gut und richtig sind.

Wenn du in deiner Kindheit von deinen Eltern die Botschaft bekommen hast, wir lieben dich, egal was du tust, und sie dich diese bedingungslose Liebe haben spüren lassen, wird diese Botschaft ganz tief in deiner Gedankenwelt verankert sein. Du bist dir sicher, ein guter Mensch zu sein. Du hast als Erwachsene keine Angst Fehler zu machen, da du weißt, dass du gut bist, auch wenn du Fehler machst. Von der Wertschätzung anderer Menschen bist du nicht so abhängig, denn du weißt ja auch hier, dass du so wie du bist, gut bist, nämlich selbstbewusst, ohne arrogant zu sein.

Gerade deshalb ist es wichtig, dass einem Kind möglichst viele positive Glaubenssätze mit auf den Weg gegeben werden.

Dein Kind merkt sofort, wenn du etwas sagst und es nicht ernst meinst. Wenn du zum Beispiel lobst, damit du deine Ruhe hast, geht das nach hinten los. Aussagen wie: „Das hast du toll gemalt, mal doch weiter" könnten sich zu einem negativen Glaubenssatz entwickeln, da dein Kind merkt, dass du es nicht ernst nimmst und nur mit einer Floskel auf sein Bild reagierst.

Wenn du dein Kind wirklich stärken willst, sag ihm Dinge, die du ernst meinst und die du an ihm schätzt. Am besten möglichst detailliert und mit einem Beispiel verknüpft, damit es lernt, an sich zu glauben und spürt, dass du merkst, was dein Kind bewegt.
Positive Botschaften werden dein Kind ein Leben lang begleiten. Sie sind seine sichere Basis auf dem Weg ins Erwachsenenleben. Sie vermitteln ihm Geborgenheit und Liebe und es wird immer darauf zurückgreifen können. Wenn es sicher sein kann, geliebt zu werden, ganz egal was es tut, legt man damit ein Fundament für ein gesundes Selbstbewusstsein.

Natürlich musst du deinem Kind manchmal sagen, dass bestimmte Dinge nicht gehen und dann wird es vielleicht wütend. Das ist in Ordnung, uns gefällt es ja auch nicht immer, wenn wir ein Nein hören. Doch es wird Kritik akzeptieren, wenn es weiß, dass du es bedingungslos liebst, sein Verhalten aber eben in diesem Moment nicht tolerierst.

WIE STÄRKE ICH MEIN KIND

Nimm dir ein paar Minuten Zeit und überlege dir, was du an deinem Kind gut findest und schreib es dir auf. Um eine solche Liste zu erstellen, können dir diese Fragen behilflich sein:

- Auf was bist du stolz?
- Was kann dein Kind schon gut?
- Was ist das Besondere an deinem Kind?
- Was möchtest du ihm mit auf seinen Lebensweg geben?

Wenn du mehrere Kinder hast, wird sich die Liste sicher zumindest in einigen Punkten unterscheiden.

Nachdem du dies herausgefunden hast, werden sich Gelegenheiten ergeben, es deinem Kind zu sagen und zu zeigen. Es soll spüren, dass es dir ernst ist und soll in diesem Moment deine ganze Aufmerksamkeit und Liebe haben.

Wenn du z. B. stolz auf deine Tochter bist, weil sie ihrer kleinen Schwester beim Anziehen hilft, dann nimm sie in den Arm, wenn sie dies das nächste Mal tut, und sag ihr, dass du es schön findest, dass sie so hilfsbereit ist. Sag ihr, dass du stolz bist, so ein eigenständiges Mädchen zu haben, und dass du sie lieb hast.

Wirf inneren Ballast ab und verändere negative Glaubenssätze

Hast du schon einmal einen Heißluftballon beobachtet? Wenn er steigt und steigt, schwerelos der Sonne entgegen? Ist dir dabei aufgefallen, dass die Ballonfahrer neben der Wärme die sie in den Ballon einströmen lassen auch Ballast verlagern oder sogar abwerfen?

Wären wir im Alltag nicht alle gerne so schwerelos, so leicht, so frei, dass wir uns einfach treiben lassen könnten? Wenn es nur im wahren Leben so einfach wäre, Ballast abzuwerfen, uns von unangenehmen, belastenden Dingen zu trennen! Werde auch du zur

Ballonfahrerin und wirf den Ballast ab, die deinen Ballon am Steigen hindern: die negativen Glaubenssätze.

Der erste Schritt auf diesem Weg heißt Dinge zu hinterfragen, um festzustellen, was dich nach unten zieht und dir womöglich unnötige Kraft raubt, und welche deiner inneren Überzeugungen dich daran hindern, dich frei zu entfalten. Denn die gute Nachricht ist, Glaubenssätze können wir verändern. Wir können sie von unserer Festplatte löschen, damit sie uns nicht weiter sabotieren und daran hindern, gelassene und entspannte Eltern zu sein. Doch dafür müssen wir sie erst einmal finden.

Weg damit – Das Vier-Schritte-Programm

1. Spüre die Glaubenssätze auf, die dich einschränken

Finde heraus, welche Glaubenssätze dich an deiner Entwicklung hindern und dich klein machen. Dabei können dir folgende Fragen helfen:

- Wo stoße ich an meine Grenzen?
- Wann tue ich Dinge, die ich nicht tun möchte?
- In welchen Situationen fühle ich mich unwohl?
- Wovor habe ich Angst?
- Was geht mir dann durch den Kopf?

Wenn du erkannt hast, wann dich deine Glaubsätze manipulieren, solltest du darüber nachdenken, was du in diesen Situationen denkst, welche Gedanken du dir dabei machst. Du stellst zum Bespiel fest, dass du nicht mehr so viel Verantwortung tragen und den Posten der Elternsprecherin in der Kita abgeben möchtest. Du traust dich aber nicht, dies im Elternbeirat anzusprechen. Warum nicht? Was sagt dein Manipulator zu dir, diese innere Stimme, die dich steuert und beeinflusst? Vielleicht so etwas wie: „Was denken dann die anderen Eltern über dich?" „Du hast doch schließlich genug Zeit." „Du willst dich nur deiner Pflicht entziehen." „Stell dich nicht so an, das ist doch nicht so schwer." Hör in dich hinein und lass dir Zeit, um diesen Botschaften, die dich einengen, auf die Spur zu kommen. Dein Manipulator ist allerdings sehr kreativ und wird immer wieder sagen: „Das sind keine negativen Glaubenssätze, das ist die Wahrheit." Und du wirst Argumente finden, ihm zu glauben. Schließlich ist er ja sehr erfahren, er kennt dich und deine Schwachstellen und weiß, in welche Wunde er den Finger legen muss.

2. Löse deine negativen Glaubenssätze auf

Nachdem du aufgespürt hast, mit welchen Aussagen dich dein Manipulator sabotiert, ist es Zeit, ihm Einhalt zu gebieten.

Nimm dir ein Blatt Papier und schreibe deinen negativen Glaubenssatz auf, z. B. „Was denken dann die anderen Eltern über mich?". Dann notierst du dir darunter Argumente, warum es dir egal ist, was die anderen über dich denken. Es sollten viele positive Argumente sein, möglichst eine ganze Seite voll. Dadurch setzt du dich ganz bewusst mit deinem negativen Glaubenssatz auseinander und bietest deinem Manipulator Paroli, dieser lästigen inneren Stimme, die dir diesen negativen Glaubenssatz immer wieder vorsagt.

Warum es mir egal ist, was die anderen Eltern über mich denken:

- Ich bin beliebt bei den anderen Eltern.
- Ich habe ein gutes Netzwerk.
- Ich habe schon häufig Verantwortung übernommen.
- Ich habe das Recht nein zu sagen.
- Ich darf mir Freiräume schaffen.
- Sie können über mich denken, was sie wollen.
- Ich weiß, dass ich einen guten Job gemacht habe.
- Jetzt ist es Zeit auf mich zu achten.

3. Formuliere neue Glaubenssätze

Du hast jetzt einen alten, negativen Glaubenssatz aufgespürt und Argumente dagegen gesammelt. Jetzt muss er in einen positiven Glaubenssatz umgewandelt werde. Dieser neue Glaubenssatz sollte genau für dich passen, gib dich nicht mit einem Kompromiss zufrieden. Der Satz muss von dir kommen und dich ansprechen. Denn seine Aufgabe wird es sein, dich in Zukunft zu stärken.

Hier habe ich einigen negativen Glaubenssätze positive gegenübergestellt:

Du schaffst das nicht.	Ich kann alles schaffen, was ich mir vornehme.
Du bist eine schlechte Mutter.	Ich bin gut so, wie ich bin, ich gebe mein Bestes und liebe mein Kind.
Das passiert nur Dir.	Mir passieren tolle Dinge.
Was sollen die anderen denken?	Ich bin gut, so wie ich bin. Ich treffe meine eigenen Entscheidungen.
Du übernimmst keine Verantwortung.	Ich übernehme Verantwortung für das, was mir wichtig ist.

4. Verankere die neuen Glaubenssätze

Jetzt kommt die nicht ganz einfache Aufgabe, diesen neuen Glaubenssatz in deinem Denksystem, deinem Gehirn zu verankern. Du solltest dir diesen neuen Satz vor allem am Anfang immer wieder in Erinnerung rufen. Dabei hilft dir ein kleiner Trick weiter: Stell dir einen Gegenstand, ob das nun eine kleine Muschel, eine Pflanze oder ein Foto ist, an einen Platz, an dem du oft vorbeikommst, und verknüpfe ihn gedanklich mit deinem neuen Glaubenssatz.

Immer wenn du dann den Gegenstand siehst, denkst du an deinen neuen positiven Glaubenssatz. Du kannst dir auch durch eine App mehrmals täglich diesen Satz auf deinem Handy anzeigen lassen, oder du klebst dir einen Zettel an den Badezimmerspiegel oder den Kleiderschrank.

Du musst dein Gehirn ganz bewusst ständig an diesen neuen Glaubenssatz erinnern. Denn die alten Denkmuster sind stark und haben sich jahrelang in deinem Unterbewusstsein verankert.

Jetzt bis du in der Lage, deine alten negativen Glaubenssätze loszulassen und Ballast abzuwerfen. Du hast es in der Hand und das Potenzial, in deinem Leben durchzustarten.

Glaubenssätze, die du weitergeben willst

„Meine Glaubenssätze sind nicht die meines Kindes." Das sollten wir uns immer wieder bewusst machen. Wir haben unsere Prägungen aus unserer Kindheit und jeder hat sein Päckchen zu tragen. Doch wir sollten es vermeiden, negative innere Überzeugungen auf unser Kind zu übertragen.

Da wir Vorbilder sind, übernehmen Kinder ganz unbewusst Verhaltensweisen und Aussagen von uns. Wenn wir dann noch mit unseren eigenen Altlasten zu kämpfen haben, und sie womöglich weitergeben, ist das nicht gut! Deshalb ist das Vier-Schritte-Programm so wichtig. Damit können wir uns von einschränkenden, negativen Glaubenssätzen befreien, um unseren Kinder möglichst viel Liebe, Geborgenheit, Gelassenheit und Selbstbestimmtheit mitzugeben.

Stella wird ein Jahr alt. Großeltern, Verwandte und Freunde sind gekommen, um diesen ersten Geburtstag mitzufeiern. Das Baby steht im Mittelpunkt. Jeder fasst es an, macht Duziduzi und will ein Lächeln erhaschen. Stella wird unruhig und klammert sich immer fester an ihre Mama. Der Opa greift nach ihr und zieht sie von dort weg auf seinen Arm. Er will sie füttern, doch Stella will zu ihrer Mama zurück. Sie weint und spuckt schließlich dem beleidigten Opa ein Stück Kuchen aufs Hemd. Die Großeltern meinen, jetzt wäre es endlich Zeit, einmal mit der Erziehung anzufangen.

Wenn in der oben genannten Situation ein Glaubenssatz wie „Du darfst nicht offen deine Meinung sagen" aktiv ist, werden Stellas Eltern kein Wort dazu sagen und den Großeltern nicht widersprechen. Vielleicht werden sie sogar mit Stella schimpfen, weil sie den Opa mit Essen bespuckt hat. Sie werden sich nicht schützend vor ihre kleine Tochter stellen und den Großeltern erklären, dass Stella gerade mit der Situation überfordert ist und jetzt nur die Nähe und Geborgenheit der Eltern braucht. Sie haben die Befürchtung, dass Oma und Opa sich kritisiert fühlen und verärgert sind, oder dass diese denken, sie könnten Stella nicht richtig erziehen.

Gerade in solchen Situationen braucht dein Kind dich und deinen Schutz, insbesondere wenn es, wie die kleine Stella noch nicht in der Lage ist, eine Überforderung zu formulieren. Dann wäre es der Part der Eltern, das Ganze zu entschärfen.

Ich gebe aber zu, wenn so etwas unangekündigt und spontan über uns hereinbricht, ist die Lage schwer zu beherrschen. Und wenn dann noch irgendwelche negativen Glaubenssätze in uns aktiv sind, werden wir erst recht nicht überlegt handeln, sondern aus der Sorge heraus, die anderen, z. B. die Großeltern, zu verärgern. In einem solchen Fall könnten die Eltern aber die Situation im Nachgang analysieren. Sie würden zu dem Schluss kommen, dass der Geburtstag Stella einfach überfordert hat, sie sich aber nicht anders zu helfen wussten. Eigentlich hätten sie den Großeltern Einhalt gebieten müssen und ihnen klarmachen sollen, dass sie entscheiden, wie und wann sie Stella erziehen, auch wenn das bei den Großeltern bestimmt nicht auf Zustimmung gestoßen wäre.

Wenn du in solchen Fällen anschließend über das nachdenkst, was geschehen ist und wie du reagiert hast, wird dir das helfen, beim nächsten Mal wachsamer zu sein und eine ähnliche Situation – die sicher kommen wird – souveräner zu meistern.

Durch dieses einmalige Ereignis verfestigt sich noch kein negativer Glaubenssatz bei Stella. Sollte sie so etwas allerdings öfter erleben, könnte sich die Überzeugung „Ich bin es nicht wert, dass man mich verteidigt" bei ihr verfestigen. Sie wird denken und fühlen, dass ihre Eltern nicht hinter ihr stehen und sie nicht beschützen.

Meine Glaubenssätze sind nicht die meines Kindes

Im Nachhinein sind diese Analysen immer einfach. Doch wenn der Glaubenssatz uns im Griff hat, schaltet der Verstand ab und wir handeln gefühlsbestimmt. Dann hilft es, kurz zurückzutreten und sich zu fragen:

- Was passiert hier gerade?
- Wie will/werde ich reagieren?

Wir brauchen diesen kurzen Moment der Reflektion, um uns bewusst zu machen, dass wir womöglich von unserem Glaubenssatz gesteuert werden, und welche Schritte wir als nächstes ganz bewusst unternehmen sollten.

Dass mein Kind nicht die gleichen Glaubenssätze hat wie ich, wird mir persönlich immer wieder bewusst, wenn mich eine meiner inneren Überzeugungen in ihren Klauen hat, z. B. was Pünktlichkeit anbelangt, auf die ich viel Wert lege. Wenn wir irgendwo eingeladen sind, sage ich meinem Sohn eine halbe Stunde bevor wir gehen, dass er sich fertig machen soll. Wenn ich dann in sein Zimmer komme und er immer noch selig spielt, bin ich verärgert. Ich sage: „Hörst du mir nicht zu, wegen dir kommen wir jetzt zu spät, es ist immer das Gleiche." Er sieht mich dann verständnislos an und sagt: „Ist doch kein Problem, das schaffen wir noch." Und er hat tatsächlich kein Problem damit, denn Pünktlichkeit ist ihm nicht wichtig. Er genießt sein Spiel, ist zufrieden und glücklich und kann nicht verstehen, warum ich Stress mache.

Bei mir ist in diesem Augenblick aber eine meiner inneren Überzeugungen aktiv, die mir sagt: „Unpünktlichkeit ist respektlos, die anderen werden sich über dich ärgern. Das macht man doch nicht. Es ist eine Sache der Höflichkeit pünktlich zu erscheinen."

Mein Sohn hat diesen Glaubenssatz nicht und somit kann er meinen Unmut nicht verstehen. Er macht das alles nicht, um mich zu ärgern oder damit wir extra zu spät kommen. Es ist ihm einfach nicht wichtig. Seine Priorität liegt in diesem Augenblick beim Spielen, und er nimmt sonst nichts wahr. Deshalb ist es nicht sinnvoll mit ihm zu schimpfen. Er hat das Bedürfnis zu spielen, ich habe das Bedürfnis pünktlich zu sein. Jetzt müssen wir einen tragfähigen Kompromiss finden, der so aussieht: Ich sage ihm künftig früher Bescheid, dass wir uns fertig machen sollten. Er kann dann noch eine Weile in Ruhe spielen und danach zieht er sich an.

In der Erziehung ist es also enorm wichtig, dass wir auf die Bedürfnisse unserer Familienmitglieder achten und ihnen Raum geben. Wir sollten unsere Werte kennen und sie mit unseren Kindern teilen. Und wir müssen uns von negativen Glaubenssätzen befreien. Dann haben wir eine gute Basis für ein liebevolles und respektvolles Miteinander.

Es geht nicht darum, dass wir immer alles richtig machen und perfekt sind. Kinder brauchen keine perfekten Eltern. Sie brauchen Eltern, die ehrlich und offen ihre Meinung vertreten, für ihre Bedürfnisse einstehen, ihre Stärken und Schwächen kennen, zu ihren Fehlern stehen, ihr Kind bedingungslos lieben, es respektieren und es genau so annehmen, wie es ist.

WAS BRINGT DICH AUF DIE PALME?

„Das nervt echt!" Wie oft liegt dir dieser Spruch auf der Zunge? Manchmal schaffst du es vielleicht, mit der Schulter zu zucken, wenn dich etwas ärgert. Doch allzu oft sammelst du über den Tag hinweg ein negatives Gefühl nach dem anderen in deinem internen Emotionsspeicher. Irgendwann ist der dann voll, und dann knallt es. Damit es nicht so weit kommt gibt es Strategien, die dein strapaziertes Nervenkostüm wieder zur Ruhe kommen lassen.

Wir alle verlieren ab und zu die Geduld und ärgern uns richtig. Ob über Partner, Kollegen, andere Verkehrsteilnehmer, die Kassiererin im Supermarkt, unsere Kinder. Es gibt täglich viele Dinge, die unser Nervenkostüm strapazieren und uns auf die Palme bringen könnten. Die Frage ist nur, welche von diesen Ärgernissen lassen wir an uns heran und bei welchen gelingt es uns, sie zu ignorieren. In manchen Fällen hilft es, einen Moment innezuhalten und sich zu fragen: „Wem oder was gebe ich die Macht, mich zu ärgern?", um alltägliche Ärgernisse beiseiteschieben zu können. Dies gelingt allerdings nicht, wenn eine Person oder Situation uns tief im Inneren trifft.

Deine wunden Punkte

Wir haben alle unsere wunden Punkte. Manche kennen wir genau und andere sind uns überhaupt nicht bewusst. Wenn jemand diese

Punkte bei uns trifft oder uns auf sie anspricht, reagieren wir meist recht ungehalten. Wir sind kurz angebunden, werden kratzbürstig oder schweigsam oder wir reagieren mit Angriff und versuchen den wunden Punkt des Gegenübers zu treffen.

Nach außen hin haben wir dabei unsere Gefühle meist recht gut im Griff. Wenn Kollegen, der Chef oder Freunde unseren wunden Punkt treffen sind wir meist so souverän, dass wir uns zwar ärgern, unsere Wut aber nicht offen zeigen. Ganz anders ist das im familiären Umfeld. Da kann es schon mal sein, dass unsere Reaktionen sehr emotional ausfallen, wir unserem Ärger sofort Luft machen und wie eine Rakete an die Decke gehen. Das liegt daran, dass wir zu den Menschen in unserer Familie eine starke Bindung und Beziehungsebene haben.

SIEGFRIED – DER SAGENHELD MIT DEM WUNDEN PUNKT !

Was passiert, wenn jemand den sprichwörtlichen wunden Punkt eines Menschen tatsächlich trifft, sieht man in der Sage von Siegfried dem Drachentöter. Der germanische Sagenheld nimmt ein Bad im Blut des von ihm getöteten Drachen und wird dadurch unverwundbar. Dabei fällt ihm jedoch ein Lindenblatt auf den Rücken, und deshalb bleibt diese Stelle verletzlich. Seinem Feind Hagen gelingt es durch eine List, diese Stelle in Erfahrung zu bringen. Auf einer Jagd lockt er Siegfried in einen Hinterhalt und durchbohrt ihn an diesem wunden Punkt mit seinem Speer und tötet ihn.

Heutzutage nehmen wir Eltern kein Bad im Drachenblut, obwohl wir solch sagenhafte Superkräfte wie Unverwundbarkeit manchmal wirklich gebrauchen könnten. Stattdessen haben wir uns eine andere Versiegelung zugelegt. Wir haben gelernt, nach außen souverän zu wirken, unsere wahren Gefühle zurückzudrängen, keine Schwäche zu zeigen, um im Alltag bestehen zu können. Doch auch wenn wir gerne alle Super-Mum und Super-Dad wären, haben wir trotzdem immer noch verletzliche Stellen. Darauf zielt heute keiner mehr mit einem Speer, sondern wir werden mit Worten und Gesten attackiert.

Unsere Kinder sind zwar nicht so hinterhältig wie Hagen, der mit voller Absicht Siegfrieds Schwachstelle ausnutzt, sie sind trotzdem Meister darin, diese Punkte zu finden und den Finger in die Wunde zu legen. Sie kennen uns in- und auswendig und wissen genau, wo sie ansetzen müssen und schaffen es, uns innerhalb kürzester Zeit auf die Palme zu bringen. Unsere verwundbaren Stellen sind ganz vielfältig. Wir haben:

- Angst keine gute Mutter, kein guter Vater zu sein
- zu hohe Erwartungen an uns selbst
- das Gefühl nicht geliebt zu werden
- den Eindruck die Situation nicht im Griff zu haben
- das Gefühl ausgeschlossen zu sein
- Ängste unser Kind zu verlieren
- das Gefühl nicht zu genügen

Tine, die eine Firma mit 200 Mitarbeitern leitet, erzählte mir, dass sie niemand in ihrem Leben so schnell auf die Palme bringt, wie ihr Sohn. Jeden Tag führt sie schwierige Gespräche mit Mitarbeitern, trifft Entscheidungen, diskutiert, verhandelt und lässt sich dabei nicht aus der Ruhe bringen. Doch mit ihrem 5-jährigen Sohn ist das anders. Wenn sie ihn nachmittags aus der Kita abholt, er sie enttäuscht anschaut und sagt: „Ich dachte Oma holt mich ab. Darauf hab ich mich so gefreut. Ich will lieber zu ihr. Mit Oma macht das Spielen viel mehr Spaß", da kann Tine nicht mehr souverän reagieren. Sie wird wütend und schimpft: „Dann bring ich dich halt zu Oma, wenn es dir da besser gefällt. Auch gut, dann habe ich mal meine Ruhe."

Tine reagiert so ungehalten, weil sie verletzt ist. Obwohl sie so viel zu tun hat, hat sie sich extra Zeit freigeschaufelt und sich beeilt, um ihren Sohn pünktlich abholen zu können. Sie hat sich auf ihn gefreut und eigentlich gedacht, dass er sich auch auf sie freuen würde. Sie möchte mit ihm Zeit verbringen, doch er möchte lieber zur Oma, weil man mit ihr besser spielen kann. Damit trifft er sofort Tines wunden Punkt. Sie fühlt sich ausgeschlossen, hat den Eindruck, dass er die Oma ihr vorzieht und ärgert sich darüber. Sie denkt vielleicht, dass ihr Sohn undankbar ist. Sie bemüht sich, alles gut und richtig zu machen und er weiß das gar nicht zu schätzen.

Tines Sohn will sie aber mit seiner Aussage nicht absichtlich provozieren oder ihr weh tun. Er meint es nicht böse. In diesem Augenblick hat er das Bedürfnis, mit seiner Oma zu spielen und freut sich darauf, was aber keine Entscheidung gegen seine Mutter ist. Hier hilft es Tine, einen Schritt zurück zu treten und kurz zu reflektieren.

MEINE WUNDEN PUNKTE FINDEN

Wir haben alle bestimmte „Lieblings-Wunde-Punkte".
Kennst du deine? Versuche sie mithilfe dieser Fragen zu finden:
- Worüber ärgerst du dich am meisten?
- Was verletzt dich?
- Wann fühlst du dich schlecht?

Wenn du sie gefunden hast, hast du beim nächsten „Angriff" darauf zumindest die Chance, gelassener zu reagieren. Du weißt ja jetzt, wo diese liegen und musst verletzende Aussagen dann nicht mehr so persönlich nehmen.

Um mitten im Geschehen etwas Abstand zu gewinnen, solltest du erst 3-mal tief ein- und ausatmen, bevor du losschimpfst. Und dann versuche, hierüber nachzudenken:
- Warum trifft mich diese Aussage?
- Was könnte der andere damit bezwecken?
- Wie kann ich souverän reagieren?

Wäre Tine ihr wunder Punkt bewusst gewesen, hätte sie gelassener reagieren und zu ihrem Sohn sagen können: „Ich finde es toll, dass du so gerne mit der Oma spielst. Heute bin ich jetzt aber extra früher nach Hause gegangen, um mit dir Zeit zu verbringen. Du bist mir wichtig, ich habe dich lieb und würde gerne etwas mit dir unternehmen. Morgen holt die Oma dich ab. Dann könnt ihr wieder zusammen spielen."

Wenn wir uns nicht durch bestimmte Aussagen oder Gesten angegriffen fühlen, sind wir entspannt und können überlegt handeln. Trifft jemand aber unsere verwundbare Stelle handeln wir emotionsgesteuert und das ist meist wenig souverän.

Reaktionen aus der Urzeit

Solche gefühlsgesteuerten Reaktionen stammen noch aus der Urzeit. Bereits unsere Vorfahren, die Steinzeitmenschen haben ähnlich reagiert, wenn sie von einem Säbelzahntiger angegriffen wurden. Im Angesicht einer solchen Gefahr, hatten sie verschiedene Möglichkeiten zu reagieren:

Kampf

Sie konnten sich wehren und versuchen, den Tiger mit ihren Speeren zu erlegen oder zu vertreiben. Heute reagieren wir ähnlich, nur ohne Speer. Wenn wir angegriffen werden, wehren wir uns verbal. Wir greifen den anderen mit Worten an, versuchen ihn in die Ecke zu treiben und zum Aufgeben zu bewegen.

Flucht

Die Urzeitmenschen nahmen ihre Beine in die Hand und rannten so schnell sie konnten weg. Das machen wir heute, indem wir kleinbeigeben, dem anderen seinen Willen lassen und unsere Bedürfnisse zurückstellen. Manchmal ergreifen wir tatsächlich die Flucht und verlassen den Raum.

Erstarrung

Unsere Vorfahren in der Steinzeit stellten sich tot und hofften darauf, dass der Säbelzahntiger sie nicht wahrnimmt. Das gleiche Ziel verfolgen wir auch bei Angriffen, wenn wir das Gesagte ignorieren, wenn wir versuchen, so wenig wie möglich aufzufallen, uns aus allem rauszuhalten oder einen Witz darüber zu machen.

Die Art und Weise, wie wir einem Angriff begegnen, hat sich also seit der Steinzeit nicht viel verändert und ist tief in unserem Inneren verankert. Grundsätzlich ist es in Ordnung, wenn wir mit einer der drei beschriebenen Möglichkeiten reagieren und sollten die Variante anwenden, die uns in der Situation am meisten hilft. Doch heute haben wir noch eine weitere Möglichkeit, die unseren Vorfahren bei ihrer Begegnung mit dem Säbelzahntiger fehlte: Wir können mit unseren Mitmenschen sprechen und das ist immer die beste Lösung.

Wenn also jemand deinen wunden Punkt trifft, solltest du kurz innehalten, überlegen, was gerade passiert und es dann ansprechen. Falls dieser jemand dein Kind ist, denk daran, dass es das nicht mit böser Absicht macht. Wenn es mit seinen Aussagen empfindliche Stellen bei dir trifft, dann kannst nur du etwas daran ändern. Du bist erwachsen und hast die Möglichkeit altersgemäß mit deinem Kind zu sprechen und ihm zu erklären, warum du dich gerade ärgerst.

Bei dieser Art von Kommunikation benennst du deine Gefühle, sagst deinem Kind was dir wichtig ist, und lässt seine Wünsche trotzdem nicht außer Acht. So lernt es schon früh, dass es wichtig ist, über seine Gefühle und Bedürfnisse zu reden.

Ab dem 4. Lebensjahr entwickelt sich bei unseren Kinder die Fähigkeit Empathie zu haben. Es kann sich in andere hineinversetzen und ihre Gefühle verstehen. Dazu braucht es aber Vorbilder, die ihm die unterschiedlichen Gefühle verständlich machen und ihm zeigen, wie man diese ausdrückt und anspricht.

WIE SAG ICH'S MEINEM KINDE?
WERTSCHÄTZEND MITEINANDER SPRECHEN

Tine aus dem vorherigen Beispiel hätte folgendermaßen reagieren können:

1. Wahrnehmung
Was fällt mir auf?
„Ich höre heraus, dass du heute sehr gerne mit deiner Oma spielen möchtest."

2. Wirkung
Wie kommt das bei mir an?
„Ich habe mich sehr auf dich gefreut und wäre traurig, wenn wir heute nichts zusammen machen würden."

3. Wunsch
Was wünsche ich mir?
„Ich fände es schön, wenn wir beide heute was unternehmen und du morgen wieder zu Oma gehst."

Negative Gefühle füllen deinen Emotionsspeicher

Emotionen bestimmen unser Leben schon von Kindesbeinen an. Wir unterscheiden positive und negative Emotionen. Mit den positiven gehen wir spielend um, doch wehe, die negativen Gefühle ergreifen von uns Besitz. Dann werden wir sauer, meckern, maulen und schreien oder sind extrem übellaunig. Woran liegt das?

Den ganzen Tag über sammelst du die Gefühle negativer Erlebnisse, Wut, Frustration, Enttäuschung, Ärger und legst sie in deinem inneren Emotionsspeicher ab. Der hat allerdings nur für ein bestimmtes Kontingent an negativen Emotionen Platz. Das Volumen dieses Speichers ist von Mensch zu Mensch verschieden. Du kannst ihn dir wie einen USB-Stick vorstellen. Die eine Person hat dort nur 10 Megabyte Platz, die andere 2 Gigabyte. Das maximale Fassungsvermögen dieses Emotionsspeichers hängt ab von der Persönlichkeit und der Frustrationstoleranz jedes Menschen.

Auch was darauf gespeichert wird und nicht rückstandslos an deiner „Versiegelung abperlt", ist individuell unterschiedlich und kommt darauf an, wie du dich gerade fühlst. Pauschal kann man sagen, dass alles was dich im Alltag „piekst" in deinen Emotionsspeicher kommt. Das kann sein:

- Streit am frühen Morgen
- Stau auf dem Weg zur Arbeit
- schlecht gelaunte Kollegen
- unerwünschte Arbeitsaufträge vom Chef
- unpünktliche Freunde
- zu viele Termine
- unschöner Tratsch
- die Beförderung des Kollegen, ohne dich zu berücksichtigen
- der Nachbarsjunge, der deine Tochter ärgert

Besonders dann, wenn jemand deine wunden Punkte trifft, und du zwar nach außen scheinbar gelassen reagierst, deine Emotion aber nur unterdrückst, anstatt sie auszusprechen, werden die negativen Gefühle in deinem Emotionsspeicher abgelegt.

WAS LANDET IN DEINEM EMOTIONSSPEICHER?

Finde heraus, was deinen Emotionsspeicher füllt, damit du etwas dagegen unternehmen kannst.
- Was stresst mich?
- Was belastet mich?
- Wo traue ich mich nicht, meine Meinung zu sagen?
- Welche Emotionen unterdrücke ich?

Ein gefüllter Emotionsspeicher stellt dich unter Stress und dann reicht oft schon eine Kleinigkeit, um ihn zum Explodieren zu bringen. Meistens geschieht das bei den Menschen, die du am meisten liebst, weil du mit ihnen vertraut bist und dich sicher fühlst. Und was passiert, wenn dein Emotionsspeicher platzt? Dann sind zwei Reaktionen möglich: Rumpelstilzchen oder Rückzug. Entweder du schreist, zeterst und stampfst, zumindest verbal, wütend mit dem Fuß auf wie das kleine Männchen im Märchen, oder du ziehst dich zurück und redest kein Wort mehr.

Beide Reaktionen sind zwar völlig normal, aber trotzdem nicht gut für deine Familie und dich. Denn die anderen wissen meist nicht, wie ihnen geschieht. Sie können nicht ahnen, dass du einen anstrengenden Tag hinter dir hast und mit deinen Nerven am Ende bist.

Du hast einen Tag mit vielen unangenehmen Erlebnissen hinter dir und dein Emotionsspeicher ist schon gut gefüllt. Deine Nerven liegen blank und du bräuchtest eigentlich eine kleine Auszeit. Doch du hast deinen Kindern versprochen, heute mit ihnen ins Spieleparadies zu gehen. Kaum seid ihr dort, da hängt die Kleine schon an deinem Rockzipfel und klagt, dass es heute gar nicht schön und so langweilig sei. Du maulst sie an: „Dir kann man es auch nicht recht machen. Was willst du denn noch? Jetzt sind wir hier und bleiben es auch. Aber so schnell werde ich mit euch nicht mehr hierherkommen."

Eine solche Reaktion ist überzogen. Deiner kleinen Tochter gefällt es im Spieleparadies heute einfach nicht gut. Sie findet keinen richtigen Anschluss und hatte vielleicht auch einen schlechten Tag. Außerdem kann sie nicht wissen, dass du dringend eine kleine Auszeit brauchst und dir Schöneres vorstellen kannst, als im Spieleparadies herumzusitzen. Deshalb wird sie verwundert sein über deine Reaktion und entweder anfangen zu weinen oder mit dir zu streiten.

Lass das Fass nicht überlaufen

Damit so etwas nicht passiert, ist es wichtig, dass du bemerkst, wenn wieder ein weiteres negatives Gefühl in deinem Emotionsspeicher landet, und wann seine Kapazität erschöpft ist. Dann solltest du damit anfangen ihn zu leeren, indem du dir etwas Gutes tust. Spürst du Überforderung und fühlst dich ausgepumpt, dann wird es Zeit, zu handeln und sich eine Auszeit zu gönnen. Das wäre auch vor deinem Besuch im Spieleparadies gut gewesen. Du hättest eine kleine Runde um den Block gehen oder irgendwo gemütlich einen Kaffee trinken können.

Falls du aber immer weiter negative Empfindungen in deinem Emotionsspeicher ansammelst, ist er irgendwann zum Bersten gefüllt und explodiert. Es kommt zum sprichwörtlichen Gefühlsausbruch wie bei einem Vulkan, der Feuer, Lava und Gesteinsbrocken spuckt, wenn der Druck in seinem Inneren zu groß wird. Danach wirst du ein schlechtes Gewissen haben und damit ein weiteres negatives Gefühl. Es ist wohl nicht schwer zu erraten, wo das dann landet ...

Nicht nur Erwachsene haben einen solchen Emotionsspeicher, sondern auch Kinder. Und bei ihnen explodiert er, wenn die Maximalkapazität erreicht ist, sofort und unkontrolliert. Meist ist der Speicher unseres Kindes wesentlich kleiner, es hat noch nicht gelernt, mit Niederlagen und Frustration umzugehen und kann die negativen Gefühle, die daraus entstehen, nur sehr schwer einordnen. Das bedeutet, dass sich viel mehr Gefühle als bei Erwachsenen dort ansammeln.

Der Emotionsspeicher von Kindern füllt sich, wenn:
- ihre Bedürfnisse nicht erfüllt werden
- ihre Freunde in der Kita sie nicht mitspielen lassen
- wir keine Zeit für sie haben
- sie Hunger oder Durst haben
- sie sich nicht wahrgenommen fühlen

- sie müde sind
- sie sich benachteiligt fühlen
- sie keine Aufmerksamkeit bekommen

Wenn nun bei allen in der Familie die Emotionsspeicher randvoll sind, und ihr erlebt dazu noch einen stressigen Abend zu Hause, kommt es meist zum großen Knall. Der Tag endet mit Geschrei, Tränen, Wut und Frustration auf allen Seiten.

Leere deinen Emotionsspeicher

Es gibt unterschiedliche Möglichkeiten um die Ventile deines Emotionsspeichers zu öffnen und das Übermaß an negativen Gefühlen abzulassen. Sobald du bemerkst, dass das Maximum bald erreicht ist, musst du die Reißleine ziehen und damit anfangen. Wir denken oft „ein wenig mehr geht schon noch, ich schaff das schon". Nein, hier ist gesunder Egoismus gefragt. Du musst jetzt darauf achten, dass es dir gut geht und du dir keine weitere Überforderung zumutest, sonst droht der oben erwähnte Vulkanausbruch.

So wirst du deine negativen Gefühle los

Bewegung an der frischen Luft

Bewegung an der frischen Luft hilft, wenn du merkst, dass dir die negativen Emotionen zu viel werden. Verlasse das nervenaufreibende Geschehen und tanke Kraft in der Natur. Durch die Bewegung baut dein Körper Stresshormone ab, du bist abgelenkt und kannst deine Gedanken in andere Richtungen schweifen lassen. Gehe achtsam durch die Natur und nimm wahr, was du in diesem Moment denkst und fühlst.

Sport

Sport ist ein wahrer Booster bei der Verbrennung negativer Emotionen. Egal welche Sportart du betreibst, Joggen, Schwimmen, Rudern, Boxen – Hauptsache du kommst ins Schwitzen und powerst dich aus. Deshalb sind Ausdauersportarten besonders wirkungsvoll.

Atmen

Du kennst bestimmt den Spruch: „Ich muss mal Dampf ablassen." Dies kannst du im wahrsten Sinne des Wortes durch richtiges Atmen tun. Stelle dich aufrecht hin, lege deine Hände in Höhe des Nabels auf den Bauch und atme zehn mal tief und ganz langsam ein und aus. Konzentriere dich nur auf deinen Atem und versuche deinen Ärger loszulassen.

Gespräche

Du kannst deinen Emotionsspeicher auch leeren, indem du mit Freunden oder anderen Eltern über deinen Ärger sprichst oder sofort in der Situation äußerst, wenn dich etwas stört.

Sich etwas gönnen

Eine weitere Möglichkeit ist, sich etwas Gutes zu tun. Das kann ein gemütlicher Fernsehabend, ein gutes Buch, ein Saunabesuch, Yoga und vieles mehr sein.

Ruhe spüren

Finde deinen Ruhepunkt. Wenn alles zu viel wird und du keine Möglichkeit hast, dir eine Auszeit zu nehmen, wird dir Besinnung gut tun. Versuche einfach dich zu konzentrieren, ruhig zu atmen und an etwas Positives zu denken. Das funktioniert gut. Spüre, wie sich deine Gedanken verändern und du aus dem Strudel der Hektik herauskommst. Es braucht etwas Zeit, bis du diese Methode verinnerlicht hast, aber sie funktioniert. Garantiert!

Alle diese Methoden haben den gleichen Ansatz, sie bauen Stress ab und schütten Glückshormone aus. Ähnlich wie bei einem Girokonto, das im Minus ist, helfen wir unserem Emotionsspeicher seine Schulden, die negativen Gedanken, abzubauen und dadurch wieder ins Plus zu kommen.

Ganz egal, was du tust, um deinen Emotionsspeicher zu leeren, es ist wichtig, dass die Methode zu dir passt und dir gut tut. Finde heraus, was bei dir am besten funktioniert. Dabei hilft auch, wenn du dir positive Emotionen verschaffst. Denn durch Freude, Glück, Zufriedenheit, Entspannung, Liebe, Geborgenheit kannst du Druck ablassen und eine Explosion verhindern.

Unseren Kindern können wir helfen, ihren Speicher zu leeren, indem wir Vorbild sind und ihnen zeigen, dass auch wir negative Emotionen haben und dass es in Ordnung ist, wenn wir unseren Gefühlen freien Lauf lassen. Wir können sie in den Arm nehmen, mit ihnen kuscheln, ihnen Nähe und Aufmerksamkeit schenken und mit ihnen über ihre Emotionen sprechen. Sie fragen, was sie ärgert und ihnen Möglichkeiten zeigen, ihren Emotionen Luft zu machen ohne andere zu verletzen.

Eine Mutter von drei kleinen Jungs hat mir erzählt, dass sie im Kinderzimmer einen Boxsack aufgehängt haben, an dem die Jungs Dampf ablassen können. Wenn die Mutter spürt, dass die Spannung steigt, bringt sie den Boxsack in Spiel. Sie selbst nutzt ihn ebenfalls ab und zu, um sich abzureagieren. Mittlerweile ist das schon zum Familienritual geworden und hilft bei der Deeskalation von Stresssituationen.

GELASSEN UND ENTSPANNT – WIE GELINGT DIR DAS?

Es gibt viele Stellschrauben, an denen du drehen kannst, um das Familienräderwerk besser zu justieren. Durch eine positive Grundeinstellung wirkst du selbstbewusst und souverän und kannst deine Meinung wertschätzend äußern. Dies hilft gerade bei Konflikten enorm. Außerdem geben Rituale eurem Familienleben Halt, Sicherheit und Struktur.

Wenn wir Probleme in unserem Familienalltag beseitigen möchten, müssen wir als erstes bei uns anfangen. Dabei geht es jedoch nicht darum, uns selbst wegen angeblicher Unfähigkeit in der Erziehung an den Pranger zu stellen, ständig zu erwähnen, was wir alles falsch machen und zu glauben, dass wir schlechte Eltern sind. Das ist alles Unsinn. Ich bin davon überzeugt, dass wir alle gute Eltern sind, dass wir unsere Kinder lieben und unser Bestes geben, jeder im Rahmen seiner Möglichkeiten. Dies zu akzeptieren, ist meiner Meinung nach das Allerwichtigste, wohl wissend, dass viele von uns trotzdem immer wieder an ihren erzieherischen Fähigkeiten zweifeln.

Es bringt nichts, dass wir uns selbst klein machen, wenn wir merken, dass andere Mütter entspannter sind. Dass sie sich nicht aus der Ruhe bringen lassen und scheinbar nie mit ihren Kindern schimpfen. Denn was wir bei unseren Mitmenschen beobachten, ist nur ein kleiner Ausschnitt aus deren Leben. Deshalb sollten wir nicht auf vermeintliche Super-Eltern schielen und ihren tollen Erziehungsstil bewundern, sondern schauen, was wir im Alltag gut hinbekommen und was wir verändern können.

Aus vielen Coachings weiß ich, dass es oft nicht so ist, wie es nach außen scheint. Jede Familie hat ihr Päckchen zu tragen. Meine Oma hat immer gesagt: „Unter jedem Dach ein Ach." Früher fand ich diesen Spruch blöd, heute kann ich ihn verstehen, denn er bringt die Erkenntnis auf den Punkt, dass es in jedem Haus Probleme gibt und dass auch andere Eltern bei der Erziehung Schwierigkeiten haben, womöglich andere als wir, aber damit genauso an ihre Grenzen stoßen. Die perfekte Familie gibt es einfach nicht. Wir haben alle unser Stärken und Schwächen, sollten zu diesen stehen und uns nicht klein machen, sondern stolz auf uns sein.

Ich bin okay, du bist okay – Akzeptiere dich selbst und die Anderen

Ob uns das gelingt, ist eine Frage der Einstellung, die wir zu uns selbst und zu anderen haben. Um wertschätzend und liebevoll miteinander umzugehen, müssen wir die richtige Grundhaltung haben.

Wir werden unterschiedlich wahrgenommen, je nachdem mit welcher Grundeinstellung wir durchs Leben gehen.

! **GRUNDEINSTELLUNGEN**

Das folgende Modell von Dr. Eric Berne beschreibt die vier Grundeinstellungen, die wir zu uns selbst und gegenüber anderen Personen einnehmen können. Ob wir uns selbst (ich) und unsere Mitmenschen (du) in Ordnung und okay finden oder nicht.

Ich	Du
+ Ich bin in Ordnung	+ Du bist in Ordnung
+ Ich bin in Ordnung	− Du bist nicht in Ordnung
− Ich bin nicht in Ordnung	+ Du bist in Ordnung
− Ich bin nicht in Ordnung	− Du bist nicht in Ordnung

Plus/Plus +/+: Ich bin in Ordnung und mein Gegenüber auch. Menschen mit dieser Grundeinstellung wirken ausgeglichen, souverän und selbstbewusst; sie fühlen sich anderen gegenüber weder unter- noch überlegen.

Plus/Minus +/–: Ich bin in Ordnung, mein Gegenüber ist nicht in Ordnung. Diese Menschen wirken überheblich und arrogant, sie trauen sich selbst mehr zu als anderen.

Minus/Plus –/+: Ich bin nicht in Ordnung, mein Gegenüber ist in Ordnung. Menschen mit dieser Grundeinstellungen wirken zurückhaltend, schüchtern und wenig selbstbewusst, sie trauen anderen mehr zu als sich selbst.

Minus/Minus –/–: Ich bin nicht in Ordnung und mein Gegenüber auch nicht. Diese Menschen wirken niedergeschlagen, pessimistisch und manchmal sogar depressiv; sie zweifeln an sich und den anderen.

In der ersten Grundeinstellung sind wir mit uns im Reinen. Wir akzeptieren uns und die andern Menschen wie sie sind. Wir erkennen natürlich, dass jeder andere Werte, Eigenschaften und Fähigkeiten hat, können dies aber so stehen lassen und es akzeptieren. Das ist natürlich eine erstrebenswerte Grundeinstellung. Allerdings ist kein Mensch ständig in der +/+ Haltung. Wir haben Tage, da sind wir souverän und selbstbewusst und an anderen Tagen sind wir streitsüchtig oder wollen uns am liebsten verkriechen. Aus diesem Grund ist es schon gut, wenn wir erkennen, dass wir nicht mehr im +/+ sind, weil wir uns zum Beispiel anderen überlegen fühlen.

Hand aufs Herz, wir lästern doch alle mal gerne. Über die unfähige Mutter aus der Kita oder die Missgeschicke des schusseligen Nachbarn. Das ist allzu menschlich. Solche Lästereien kommen aus der Haltung +/–. Das heißt wir fühlen uns besser als die anderen. Und manchmal nehmen wir diese Haltung auch gegenüber unseren Kindern ein. Doch die merken das sofort, sie nehmen wahr, dass sie nicht ernst genommen oder belächelt werden und reagieren sehr empfindlich darauf. Und wenn wir mit unseren Kindern schimpfen, nehmen wir genau diese Haltung ein. Wir plustern uns auf, zeigen, dass wir am längeren Hebel sitzen und das ist nicht nötig.

Aus der +/+ Haltung heraus können wir jedoch mit unseren Kinder durchaus schwierige und kritische Gespräche führen. Mit dieser Grundeinstellung wird die Kommunikation sofort in eine positive Richtung laufen. Unser Kind merkt, dass wir souverän sind, uns nicht über es stellen und uns auch nicht erniedrigen. Ziel sollte immer ein Austausch auf Augenhöhe sein. Aus dieser Einstellung heraus können wir alles ansprechen, da unser Kind wahrnimmt, dass wir es als ebenbürtig ansehen und es ernst nehmen, dass wir es liebevoll behandeln und respektvoll mit ihm sprechen.

Manchmal verfallen wir aber in die Haltung −/+. Dann haben wir das Gefühl, dass wir gar nichts auf die Reihe bekommen. „Bei allen anderen läuft es besser, wir sind unfähig, wir haben unsere Kinder nicht gut erzogen…" Wir fühlen uns minderwertig und unser Selbstbewusstsein ist im Keller. Das zeigt sich in der Körpersprache, Gestik und Mimik. So nehmen unsere Kinder sofort wahr, dass wir nicht souverän auftreten, sondern schüchtern, ängstlich oder zurückhaltend. Das ist keine gute Basis für ein Miteinander auf Augenhöhe.

Natürlich sind wir nicht jeden Tag gut gelaunt und strotzen vor Selbstbewusstsein. Es gibt ebenso Tage, an denen wir uns unbedeutend fühlen oder uns besonders groß machen. Hier heißt es achtsam in sich hineinzuhören und festzustellen, welche Haltung wir gerade einnehmen und diese gegebenenfalls zu verändern. Nur so gelingt uns ein liebevolles Miteinander. Alle Familienmitglieder können lernen, ins +/+ zu kommen und sich gegenseitig zu achten und zu schätzen. Dazu brauchen sie uns als Vorbilder. Mit dieser Einstellung lässt es sich auch gut diskutieren oder streiten, denn dadurch gelingt es, seine Meinung selbstbewusst und kontrolliert zu vertreten ohne den andern herabzusetzen.

Eine Familie braucht Rituale

Rituale sind wichtige Stützen in unserem Leben, sie erleichtern uns das Leben enorm, und haben einen festen Platz in unserem Alltag. Manchmal sind sie die Insel, auf die wir uns im Chaos retten können und deshalb ein Segen. Manche Rituale begleiten uns ein ganzes Leben. Wir lernen sie in der Kindheit und irgendwann einmal sind sie uns gar nicht mehr bewusst, weil sie so selbstverständlich für uns geworden sind. Dann handeln wir im Autopilotmodus, wir müssen nicht mehr groß überlegen, was wir tun müssen und wie wir es tun wollen, sondern wir gehen automatisch und unbewusst vor. Ähnlich wie beim Flugzeug übernimmt unser Autopilot im Kopf die Steuerung und wir denken nicht mehr über unser Handeln nach.

RITUALE !

Rituale sind Handlungen, die wir in bestimmten Situationen oder zu einem bestimmten Zeitpunkt immer wieder ausführen. Sie laufen immer nach dem gleichen Muster ab und entstehen durch Wiederholungen. Rituale geben uns Sicherheit, Orientierung und Geborgenheit, weil wir wissen, wie sie ablaufen. Sie haben feste Regeln, die allen bekannt sind, und fördern deshalb den Zusammenhalt einer Gruppe, beispielsweise einer Familie. Sie helfen uns in schwierigen Situationen, weil sie durch ihre festgelegte Struktur Ordnung schaffen.

Wenn wir uns zum Beispiel die Zähne putzen, führen wir eine Abfolge einzelner Aktionen durch: die Zahnbürste nehmen, Zahnpasta auftragen, die Zahnbürste in den Mund stecken, in kreisenden Bewegungen alle Zähne putzen, mit Wasser nachspülen, ausspucken. Wie aufwändig und kompliziert wäre es, wenn wir dabei bewusst überlegen müssten, was als Nächstes kommt. Wir würden einen großen Teil unseres Lebens damit verbringen, über jeden Schritt selbst einfacher Handlungen nachzudenken. Zum Glück sind diese ganzen Abläufe in unserem Unterbewusstsein abgespeichert, und wir werden aktiv, ohne groß darüber nachzudenken. So ist es auch mit den Ritualen, wir kennen sie und wissen, wie sie ablaufen.

Jede Familie hat ihre eigenen Rituale. Sie erleichtern das Familienleben, geben Kraft und Sicherheit und helfen, wenn es mal nicht so gut läuft. Rituale vermitteln ein Gefühl der Verlässlichkeit und wir können uns durch sie besser im Leben zurecht finden. Sie helfen gerade Kindern, bei vielen Handlungen eine Routine zu entwickeln und können ihnen Trost geben, wenn sie traurig oder ängstlich sind. Steht zum Beispiel der erste Tag in der Kita an oder ein Geschwisterkind wird geboren, hat ein Kind durch feste Rituale, die es täglich erlebt, das Gefühl, dass sich nicht alles grundlegend ändert. Das Gewohnte bleibt und dadurch wächst sein Vertrauen. Wenn ein Kind zum Beispiel weiß, dass seine Eltern es jeden Tag nach dem Mittagsschlaf aus der Kita abholen, gibt ihm das Sicherheit.

Rituale verstärken aber auch die schönen Gefühle. Wer an seinem Geburtstag immer einen Kuchen oder eine Krone bekommt, die die Eltern gebastelt haben, wird sich darauf freuen, und Vorfreude ist ja bekanntlich die schönste Freude.

In Familien gibt es die unterschiedlichsten Rituale und es ist schön zu sehen, was sich da alles entwickeln kann. Dabei gibt es keine festen Regeln, die Rituale müssen nur einfach und unkompliziert sein, für alle Familienmitglieder passen und gut umsetzbar sein. Sie sollen ja das Leben erleichtern und gerade den Kindern Halt und Geborgenheit vermitteln.

Mögliche Familienrituale

- nach dem Aufwachen noch kurz kuscheln
- gemeinsames Frühstück ohne Hektik und Stress
- die Schuhe beim Betreten des Hauses ausziehen

- kleine Geschichten erzählen, die einen Bezug zum Familienleben haben
- vor dem Essen Hände waschen
- zusammen den Tisch decken
- eine kleine, gemütliche Auszeit am Nachmittag
- abends ein Hörbuch hören
- vor dem Einschlafen ein Buch lesen
- den Tag gemeinsam Revue passieren lassen
- nachts das Licht im Kinderzimmer anlassen
- Mittwoch ist Omatag
- Geburtstage mit Kuchen und einer Party feiern
- vor Weihnachten gemeinsam Plätzchen packen

Rituale sind so wirkungsvoll, weil sie immer gleich ablaufen und somit unseren Kindern Sicherheit geben. Sie können sich darauf verlassen, und müssen nicht groß darüber nachdenken. Dadurch lernen sie, ihrem Umfeld zu vertrauen. Wenn sie die Rituale erst einmal verinnerlicht haben, müssen sie nicht mehr darüber nachdenken und können sie automatisiert ausführen. Es hilft uns Eltern im alltäglichen Leben, wenn es uns gelingt, gute Rituale für den Tagesablauf zu entwickeln, etwa beim Zähne putzen, Waschen, Anziehen, gemeinsam Essen. Da unser Kind sie kennt, werden diese Aktivitäten automatisch und ganz selbstverständlich ablaufen.

Natürlich brauchst du anfänglich etwas Zeit, um neue Rituale einzuführen. Du solltest dir genau überlegen, welche für eure Familie passen und wie du sie umsetzen kannst. Denn wie überall brauchen die Rituale Vorbilder und müssen gelebt und ständig wiederholt werden, bis sie automatisiert sind. Wenn du sie in der Familie einführst und dein Kind sich daran gewöhnt hat, wird es diese einfordern. Rituale müssen daher für dein Kind auch zuverlässig durchgeführt werden. Wenn es weiß, dass ihr abends immer zuerst ein Buch lest, danach kuschelt und dann geschlafen wird, wird es jeden Tag auf diese Abfolge bestehen. Falls der Abend anders verläuft als dein Kind es gewohnt ist, wird es enttäuscht sein. Deshalb solltest du es frühzeitig darauf vorbereiten, wenn du dieses Ritual einmal nicht durchführen kannst. „Am Montag geht Mama zum Elternabend in die Kita, dann können wir abends nicht lesen und kuscheln. Das machen wir an diesem Tag ausnahmsweise mal vor dem Abendbrot.“

RITUALE FINDEN

Nimm dir etwas Zeit und überlege, welche Rituale es in eurer Familie gibt und ob diese nützlich und sinnvoll sind.
- Welche Rituale gibt es in unserer Familie?
- Sind diese Rituale sinnvoll?
- Welche Rituale würden uns den Alltag erleichtern?
- Wie könnte ich diese einführen?
- Welche Regeln brauchen wir dafür?

Es kann aber auch negative Auswirkungen haben, wenn ein Ritual nicht mehr wie gewohnt stattfindet, weil sich bestimmte Lebensumstände geändert haben. So wird es in einer Familie, in der als Morgenritual nach dem Aufwachen noch eine Weile im Bett gekuschelt wird, unweigerlich Probleme geben, wenn das Kind in die Kita kommt. Da es weiterhin auf dem gemeinsamen morgendlichen Kuscheln bestehen wird, aber plötzlich alle zu einem bestimmten Zeitpunkt das Haus verlassen müssen, wird es jeden Morgen extrem hektisch. Dann ist der richtige Zeitpunkt gekommen, das Morgenritual zu verändern, denn was früher Geborgenheit vermittelt hat, führt jetzt zu Stress und Unzufriedenheit.

So kannst du Gewohnheiten verändern

In solchen Situationen müssen wir unseren Kindern erklären, warum das lieb gewonnene Ritual geändert werden muss. Wir sollten gemeinsam nach Alternativen suchen, die für alle passen. Das Ritual darf auf keinen Fall wegfallen, ohne dass darüber gesprochen und den Kindern erklärt wird, warum es verändert werden muss.

Für einen entspannten Start in den Tag könnten in der Kita-Kind-Familie folgende neue Routinen eingeführt werden:

- früher aufstehen
- maximal 3 Minuten Blitzkuscheln
- während der Woche kein Kuscheln, am Wochenende Extremkuscheln

---

GEWOHNHEITEN VERÄNDERN

Um alte Gewohnheiten abzulegen, braucht es etwas Zeit. Sie sind tief in unserem Gehirn verankert. Wenn wir Dinge öfters tun, bilden sich in unserem Gehirn Synapsen, Verbindungen zwischen den Nervenzellen. Sie sind wie Pfade in unserem Kopf. Anfänglich sind es nur kleine Trampelpfade, dann entwickeln sie sich zu Landstraßen und irgendwann sind sie eine Autobahn. Dann haben sie sich verfestigt, und wir tun, was wir tun unbewusst. Wenn wir eine Gewohnheit jetzt verändern wollen, fangen wir mit der neuen Gewohnheit wieder beim Trampelpfad an. Unser Gehirn muss den neuen Weg erst anlegen und das braucht Zeit. Nach mehreren Wochen hat sich eine Gewohnheit verfestigt, wir müssen aber noch bewusst an sie denken, sonst fallen wir wieder in alte Muster zurück. Forscher sagen, dass nach ca. 21 Tagen ein neuer Weg angelegt ist, nach ein paar Monaten wird dieser zur Autobahn und wir handeln automatisch.

Neben den Familienritualen gibt es aber noch Rituale, die dir den Alltag erleichtern können. Wir treffen am Tag hunderte Entscheidungen und das ist natürlich anstrengend für unser Gehirn. Es tut ihm gut, wenn es im Alltag kleine Entspannungsinseln in Form von Ritualen gibt, auf denen es einmal nicht denken und entscheiden muss, weil alles automatisch abläuft. Diese Entspannungsinseln helfen dir, wenn du gestresst bist und deine Nerven blank liegen. Deshalb solltest du überlegen, welche Rituale dich entlasten und entschleunigen könnten. Hier einige Beispiele:

- morgens 15 Minuten eher aufstehen, um Zeit für sich zu haben
- alleine eine Tasse Kaffee trinken
- 20 Minuten Auszeit nehmen, bevor die Kinder nach Hause kommen
- einfach mal durchatmen
- einen kleinen Spaziergang machen
- einen freien Abend pro Woche einführen
- Sport treiben oder sich in der Natur bewegen
- einem Hobby nachgehen

Von Eltern höre ich oft: „Das würde ich ja gerne, aber dazu fehlt mir die Zeit." Ich kann die Argumentation nachvollziehen, doch leider sind das oft Ausreden aus Bequemlichkeit. Es gibt immer Möglichkeiten sich für solche Entschleunigungsaktivitäten Zeit freizuschaufeln. Der Partner kann mal alleine auf die Kinder aufpassen. Oma oder eine Freundin übernehmen das Kind bestimmt gerne. Und in der Kita ist eine Betreuung ja ohnehin gesichert. Es ist immer eine Sache der Priorität. Wir können uns etwas Gutes tun, wenn wir nur wollen. Haben wir uns erst einmal getraut, etwas Neues auszuprobieren und dann daraus ein Ritual entwickelt, werden wir dies nicht mehr hinterfragen und kein schlechtes Gewissen haben.

SCHRITT FÜR SCHRITT – SO ERREICHST DU DEIN ZIEL

Wenn wir etwas in unserem Familienleben verändern möchten, brauchen wir ein Ziel. Denn nur wenn wir das Ziel kennen, finden wir den Weg dahin. Doch der Weg wird nicht immer einfach sein. Es wird auch mal eine scharfe Kurve kommen und den einen oder anderen Stolperstein geben. Diesen gilt es aus dem Weg zu räumen und das Ziel im Auge zu behalten.

In den letzten Kapiteln hast du erfahren, wie du mehr über dich selbst herausfindest. Du kennst dich jetzt etwas besser und kannst verstehen, wie du in bestimmten Situationen reagierst. Warum du manchmal ungehalten bist, schimpfst und meckerst, obwohl du es gar nicht möchtest. Dieses Wissen kannst du jetzt anwenden, um dein Familienleben langfristig zu verbessern. Dafür kannst Du bei jedem der Themen, die wir bisher behandelt haben, beginnen, je nachdem, was dir wichtig ist und was du verändern möchtest:

- Gemeinsame Werte
- Individuelle Bedürfnisse
- Negative Glaubenssätze
- Wunde Punkte
- Überfüllte Emotionsspeicher
- Eine positive Grundeinstellung
- Alltägliche Rituale

Finde die Stolpersteine im Familienalltag

Zunächst solltest du noch einmal genau hinschauen, wo die Probleme in eurem Alltag liegen. In jeder Familie gibt es sogenannte „Stoßzeiten". Das sind Zeiten oder Situationen, die oft schwierig sind und in denen es besonders viel Streit gibt. Nimm dir Zeit und beantworte folgende Fragen, um herauszuarbeiten, wo es in eurem Familienleben Hindernisse gibt, über die ihr immer wieder stolpert:

STOLPERSTEINE IM FAMILIENALLTAG

- Welche Stolpersteine gibt es in unserem Alltag?
- Wie kann ich diese aus dem Weg räumen?
- Was stresst mich am meisten?
- Welche konkreten Verhaltensweisen meines Kindes bringen mich auf die Palme?
- Wie reagiere ich, wenn ich gereizt bin?
- Was könnte ich stattdessen tun?
- Wann kommen meine Bedürfnisse zu kurz?
- Welche Glaubenssätze sabotieren mich?
- Welche Glaubenssätze könnten mich stärken?

Mithilfe dieser Fragen bekommst du einen Überblick, in welchen Situationen es in eurem Familienleben zu Reibereien und Schwierigkeiten kommt, wann sich die Stimmung auflädt und Konflikte drohen. Bei den einen passiert so etwas oft beim Anziehen, beim Zähneputzen oder beim Frühstück, bei den anderen, wenn es darum geht, pünktlich das Haus zu verlassen, wenn das Zimmer aufgeräumt werden soll, oder wenn zur Schlafenszeit alle todmüde und vom Tag erschöpft sind. In jeder Familie ist das anderes.

Mit einer Liste dieser Situationen kannst du dich darauf vorbereiten. Wenn du weißt, dass es bei euch am Abend immer brenzlig wird, dann kannst du dir verschiedene Möglichkeiten überlegen, wie diese

Zeit in der Familie künftig anders gestaltet werden könnte. Überlege dir ein schönes Abendritual und achte dabei auf die Bedürfnisse aller Familienmitglieder. Setze dich mit deinen wunden Punkten und Glaubenssätzen auseinander oder tue deinem Emotionsspeicher etwas Gutes. Wenn du erst die Problemzeiten und -situationen herausgefunden hast, dann kannst du solange an den verschiedenen Stellschrauben drehen, bis es ein friedliches Miteinander am Abend gibt.

Dabei hilft es, sich ab und zu darüber Gedanken zu machen, ob der eingeschlagene Weg auch der richtige ist. Es ist keine Schande ihn zu korrigieren. Wenn du merkst, dass du in die falsche Richtung gehst oder mit einer Strategie nicht weiterkommst, versuch es mit einem anderen der oben genannten Themen. Du musst niemanden etwas beweisen. Hier geht es nur darum, dass es dir und deiner Familie gut geht und euer Alltag reibungsloser funktioniert.

Setze dir vernünftige Ziele

Nimm dir bei deinem Vorhaben immer nur eine Sache vor. Denn neben Kind, Familie, Beruf und Privatleben sollst du dich nicht unter Druck setzen, weil du zu viele Ziele auf einmal erreichen willst. Das würde dir unnötigen Stress bereiten. Lieber kleine Schritte gehen und Teilziele festlegen, damit du einerseits dich und deine Familie nicht überforderst und andererseits Erfolgserlebnisse hast, wenn etwas erreicht wurde.

Wenn du etwas verändern möchtest und deine Ziele festlegst, sollten sie spezifisch, d. h. konkret und eindeutig definiert und nicht zu vage sein. Außerdem sollten die Ergebnisse messbar und die Ziele für eure Familie attraktiv und realistisch sein. Sie sollten auch terminiert, d. h. immer einen festgelegten Zeitabschnitt enthalten, in dem das Ziel erreicht werden soll.

WIE MAN ZIELE SETZT

Menschen brauchen Ziele. Es müssen nicht immer die ganz großen Ziele sein, kleinere Teilziele sind ebenso wichtig. Die Chance, ein Ziel zu erreichen, wird größer, wenn es nach den Kriterien der SMART-Formel definiert wird:

S – Spezifisch
M – Messbar
A – Attraktiv
R – Realistisch
T – Terminiert

„Ich will weniger schimpfen" wäre ein Ziel, das sehr vage ist. Was heißt weniger schimpfen? In welchem Zeitraum möchtest du diesen Vorsatz in die Tat umsetzen? Woran machst du fest, dass du dein Ziel erreicht hast? Da das so beschriebene Ziel diesen Fragen nicht stand-hält ist es nicht genau genug formuliert.

Stattdessen könnte ein umsetzbares Ziel nach der SMART-Formel so aussehen: „Ich möchte in den nächsten 3 Wochen nicht laut wer-den und schimpfen. Ich bleibe ruhig und führe ein neues Ritual ein, das mir den Alltag erleichtert. Wenn mein Emotionsspeicher voll ist, nehme ich mir eine Auszeit."

Euren Familienzielen nach den SMART-Kriterien kommst du durch folgende Überlegungen auf die Spur:

FAMILIENZIELE

- Was ist mein/unser Ziel?
- Wie können wir dies erreichen?
- Was muss ich dafür tun?
- Wer kann mich dabei unterstützen?
- Woran werde ich merken, dass ich mein Ziel erreicht habe?
- Woran werden es die anderen merken?

Wenn du dein Ziel gefunden hast, visualisiere es, Bilder helfen bei der Umsetzung deines Vorhabens. Du kannst beispielsweise ein kleines Plakat mit einer Kollage des Ziels basteln. Und lass ruhig deine Familie daran mitgestalten, denn es ist ja euer gemeinsames Familienziel. Häng das Plakat an einen Ort, an dem es alle sehen können, so erinnert es euch täglich an den neuen Weg, den ihr einschlagen wollt: Ihr Eltern wollt euer Kind gelassen, liebevoll und auf Augenhöhe erziehen ohne zu schimpfen und ihm ein gutes Vorbild für ein selbstbewusstes Lebensmodell sein.

Du willst etwas in eurem Familienleben verändern. Allerdings fallen Veränderungen selten leicht, man muss gewohnte Pfade verlassen und sich an neue Verhaltensweisen gewöhnen. Das Alte hat man lieb gewonnen, auch wenn es noch so schlecht ist, da weiß man wenigstens, was man hat. Veränderungen hingegen bedeuten Ungewissheit, die Angst vor dem Unbekannten und davor, die Komfortzone verlassen zu müssen. Sie sind selten bequem, sondern erfordern Mut und Durchhaltevermögen.

Aber du schaffst das! Pack es an!

Wahrscheinlich findest du unter den Fällen aus dem wahren Leben, die ich im nächsten Kapitel für dich gesammelt habe, genügend Beispiele, die du kennst und die dir vertraut sind, sodass das mit dem Ungewissen und Unbekannten vielleicht doch nicht mehr ganz so schlimm ist.

ALLTAG OHNE SCHIMPFEN – HILFE AUS DEM ECHTEN LEBEN

„In der Theorie ist das ja alles schön und recht, aber in der Praxis klappt das doch nie!" Diese Befürchtung brauchst du hier nicht haben, denn in diesem Kapitel bekommst du alltagstaugliche Ratschläge. Wenn dir Probleme über den Kopf wachsen, kannst du sehen, wie andere Familien damit fertig geworden sind und aus verschiedenen Lösungsvorschlägen den Weg heraussuchen, der für dich und deine Kinder am besten passt.

In unserem Leben und besonders im Familienalltag gibt es viele Höhen und Tiefen. Wunderschöne Augenblicke und zahlreiche Glücksmomente, ebenso aber Momente zum Haare raufen und aus der Haut fahren. An manchen Tagen sind wir die stolzesten und glücklichsten Eltern, und an anderen Tagen wünschen wir uns schon am frühen Morgen, es möge endlich Abend sein. Wir sind halt auch nur Menschen und kommen trotz guter Planung, Organisation, Selbstoptimierung und großem Verantwortungsbewusstsein manchmal an unsere Grenzen. Nachdem du in den vergangenen Kapiteln erfahren hast, wie Emotionen, Werte, innere Überzeugungen dich und deine Kinder beeinflussen, soll der Theorie nun die Praxis folgen.

In den nächsten Kapiteln habe ich zahlreiche verschiedene Problemsituationen aus dem wahren Leben zusammengestellt, für die ich in meinen Coachings gemeinsam mit Eltern passende alltagstaugliche Lösungen erarbeitet und ausprobiert habe. Ein einziges Patentrezept gibt es allerdings in den seltensten Fällen. Nicht jede Strategie eignet sich für jedes Kind und seine Eltern. Deshalb gibt es in jedem Fallbeispiel immer verschiedene Lösungsvorschläge. Such dir aus, was am besten zu dir und deiner Familie passt, denn du kennst dein Kind am besten und weißt, was es braucht. Vielleicht gibt dir das eine oder andere Beispiel auch Impulse für eigene Lösungsansätze. Nur zu, werde kreativ – du kannst nichts falsch machen, solange du dein Kind liebevoll und respektvoll behandelst. Probiere einfach ein wenig aus, um herauszufinden, welche Strategie am besten funktioniert.

Bei jedem der vorgestellten Fälle wird immer zuerst die *Situation beschrieben*, dann werden unter der Überschrift **Was passiert gerade?** die *Hintergründe* beleuchtet und danach unter **Was kann ich tun?** unterschiedliche *Lösungswege* angeboten. Die Vorschläge bei **Was kann ich sagen?** zeigen dir, wie du wertschätzend und in *Ich-Botschaften* mit deinem Kind sprichst, um die Situation zu entschärfen. Daneben findest du bei den Lösungen Hinweise auf das dazu passende Kapitel im ersten Teil des Buches. Außerdem kleine

Übungen für den Alltag sowie Rituale und Regeln, die dich in schwierigen Situationen gelassener reagieren lassen.

Überhaupt bilden Rituale und Regeln den Rahmen für ein gemeinsames Miteinander auf Augenhöhe. Jedes Familienmitglied sollte sie kennen, sie müssen aber nicht für alle gleich sein. Ein 2-jähriges Kind braucht andere Regeln und Rituale als ein 6-jähriges. Es gibt auch Regeln, die nur für Kinder gelten. Es funktioniert nicht, wenn für alle in der Familie identische Regeln existieren.

In einem Coaching erzählte mir eine Mutter, dass die gesamte Familie (Eltern und vier Kinder) in einem gemeinsamen Bett schläft und abends zusammen um 19:00 Uhr ins Bett geht. Ich fragte sie, ob sie und ihr Mann wieder aufstehen, wenn die Kinder eingeschlafen sind. Sie sagte: „Nein. Die Familienregel lautet, wir gehen zusammen um 19:00 Uhr schlafen." Das führte natürlich zu erheblichem Stress, denn wie wir alle wissen, beginnt der Tag für Erwachsene ja oft erst, wenn die Kinder im Bett sind. Dann wird noch aufgeräumt, die Waschmaschine angeschmissen oder man unterhält sich mit dem Partner. Diese Zeit fehlte dem Paar, um alle anstehenden Aufgaben zu erledigen. Hektik und Zeitdruck während des restlichen Tages waren das Ergebnis. Auf meine Frage, warum sie diese Regel aufgestellt hat, antwortete sie: „Wir wollen unsere Kinder auf Augenhöhe erziehen und gute Vorbilder sein."

Kinder auf Augenhöhe zu erziehen finde ich grundsätzlich gut. Das heißt aber nicht, dass wir alles tun müssen, was unsere Kinder tun oder umgekehrt, und dass wir mit ihnen auf einer Stufe stehen. Vielmehr müssen wir unseren Kindern Vorbild sein und ihnen vorleben, was wir erwarten. So können wir nicht davon ausgehen, dass unser Kind ordentlich isst, wenn wir die Suppe schlürfen. Ebenso ist es kaum sinnvoll, dass wir uns die gleichen altersbedingten Beschränkungen auferlegen wie unseren Kindern. Es gibt einfach Dinge, die Erwachsene dürfen und Kinder nicht. Daran gibt es nichts zu rütteln und das verstehen und akzeptieren Kinder, wenn wir es ihnen erklären.

Nun mach schon, wir müssen los – Gutes Zeitmanagement in der Familie

Wir alle kennen das Bild aus der Fernsehwerbung. Auf die Frage „Und was machen Sie so beruflich"? frohlockt eine Mutter selbstbewusst in die Kamera: „Ich führe ein sehr erfolgreiches kleines Familienunternehmen."

In der Tat wäre bei den meisten Müttern die Berufsbezeichnung Familienmanagerin wesentlich treffender, denn das familiäre Umfeld schreit geradezu nach Managerqualitäten und Organisationstalent. Tagtäglich müssen die unterschiedlichsten Dinge koordiniert werden. Morgens muss bei einem eng getakteten Zeitplan alles wie am Schnürchen klappen, damit die ganze Familie pünktlich das Haus verlassen kann. Dank der guten Organisation von Mama und Papa klappt das meist auch. Am Nachmittag heißt es dann die Kinder von Kita und Schule abholen, zum Sport fahren oder zu irgendwelchen Förderkursen, zu denen wir unsere Kinder angemeldet haben. Der Abend gehört dann dem Abendessen und dem anschließenden Zubettgehen. So fliegen die Tage vorbei, und wenn wir dann am Sonntag mal genauer hinsehen, was wir die Woche über alles geschafft haben, sind wir überrascht, wie wir das alles immer wuppen. Doch trotz erfolgreichem Management kennen wir genügend Situationen, die uns im Alltag überfordern, uns in Zeitnot bringen und unseren Puls hochschnellen lassen.

Spielen statt anziehen

Julian (4) wird morgens von seinem Papa in die Kita gebracht. Sie müssen gegen 7:30 Uhr das Haus verlassen, damit der Vater rechtzeitig zur Arbeit kommt. Nach dem gemeinsamen Frühstück fährt die Mutter los, dann ziehen sich die Männer an und verlassen gemeinsam das Haus. Während Julians Vater sich fertig macht, soll Julian die Kleider anziehen, die seine Mama ihm herausgelegt hat. Manchmal macht er das, doch meistens spielt er in seinem Zimmer und ist immer noch nicht angezogen, wenn sein Vater gehen will. Der ist dann sauer und macht Druck: „Los, jetzt beeil dich mal, wir müssen los. Ich komme sonst wieder zu spät zur Arbeit." Julian mag es gar nicht, wenn sein Papa schimpft und schaltet auf stur. Er weigert sich, sich anzuziehen und lässt es auch nicht zu, dass sein Vater das macht. Aus Verzweiflung bringt der Papa den Jungen eines Morgens im Schlafanzug in die Kita. Julian weint bitterlich.

Was passiert gerade?

Julian hat mit 4 Jahren noch kein Zeitgefühl. Er weiß nicht, wie viel Zeit er morgens hat und wann sie das Haus verlassen müssen. Außerdem hat das Anziehen für ihn keine Priorität, er will lieber spielen. Wenn er sich dann in seinem Zimmer fertig machen soll, entdeckt er etwas, das viel interessanter ist und spielt damit. Das ist völlig normal bei Kindern. Sie leben den Augenblick und genießen ihn mit allen Sinnen. Deshalb hört er vielleicht nicht, wenn sein Vater ihn ruft oder etwas zu ihm sagt. Er ist ganz vertieft in sein Spiel, nur das ist gerade wichtig. Deshalb versteht er auch nicht, warum sein Papa sauer ist und mit ihm schimpft. Er macht das ja nicht, um seinen Vater zu ärgern. Der steht morgens unter Zeitdruck und das füllt seinen Emotionsspeicher (siehe Kapitel *Negative Emotionen füllen deinen Emotionsspeicher*). Er zählt darauf, dass alles reibungslos läuft und erwartet, dass Julian sich eigenständig fertig macht. Dafür ist der Junge aber noch zu klein, hier braucht er Unterstützung.

Was kann ich tun?

Du könntest mit unterschiedlichen Maßnahmen an die Sache herangehen. Ihr als Eltern könntet morgens früher aufstehen und schon duschen oder das Frühstück vorbereiten. Dann habt ihr danach mehr Zeit für Julian. Vielleicht schafft ihr es außerdem, morgens 10 Minuten Spiel- und Kuschelzeit einzubauen. Das ist schön für alle und ein entspannter Einstieg in den Tag.

Wenn der Morgen so eng getaktet ist, muss alles reibungslos laufen. Das ist bei Kindern aber eher selten der Fall. Julian braucht beim Anziehen noch Unterstützung, da zu viele Ablenkungen in seinem Zimmer auf ihn warten. Du könntest dich gemeinsam mit deinem Sohn anziehen. Macht ein kleines Spiel daraus. Wer ist zuerst fertig? Oder du stellst eine Sanduhr auf, damit er sieht, wie die Zeit vergeht. Denn mit Minuten und Stunden kann er ja noch nichts anfangen (du kannst stattdessen die „Sanduhrzeit" einführen – sie dauert so lang, wie der Sand durch das Uhrglas rieselt). Sag ihm, dass es seine Aufgabe ist, alle Kleider anzuziehen, bevor die Sanduhr durchgelaufen ist. Du könntest zudem zwei seiner Lieblingslieder laufen lassen. Wenn die Lieder zu Ende sind, sollte er angezogen sein. Solche Spiele mögen Kinder.

Du könntest Julians Kleider auch ins Bad bringen und ihr zieht euch dort gemeinsam an. Da gibt es weniger Ablenkung. Sag bitte nicht zu deinem Kind „wir fahren gleich" oder „ich komme gleich". Was heißt gleich? 1 Minute? 5 Minuten? Stell einen Wecker, der um 7:15 Uhr klingelt. Erkläre Julian, dass ihr losfahrt, kurz nachdem der Wecker geklingelt hat. Dann hast du noch 15 Minuten Puffer und gerätst nicht in Stress.

Wichtig ist, dass du ein Ritual findest, das den Morgen entspannt und gleichzeitig praktikabel ist. Meist dauert alles ein wenig länger, wenn du damit anfängst, doch dann spielt es sich ein. Dein Kind wird ja immer größer und kann immer mehr. Erwarte also am Anfang nicht zu viel von ihm.

Was kann ich sagen?

- „Julian, mir gefällt das nicht, dass wir morgens streiten. Das ist kein schöner Tagesanfang."
- „Was hältst du davon, wenn wir morgens ein Anziehspiel machen? Wer ist als erster angezogen? Wer schafft es, sich anzuziehen, bis die Sanduhr durchgelaufen ist?"

- „Wenn das gut klappt, haben wir auch noch eine Sanduhrzeit lang zum Spielen."
- „Julian, wenn der Wecker klingelt, fahren wir los. Dann gehen wir zum Auto und alle müssen angezogen sein."

Zeitplan ade

Familie Messer isst abends immer gemeinsam Abendbrot und danach gehen die Zwillinge Lina und Lotte (3) ins Bett. Der Schlafanzug wird angezogen, das Gesicht gewaschen, die Zähne werden geputzt und dann gibt es noch eine Gutenachtgeschichte. Danach schlafen die beiden Mädchen eigentlich immer problemlos ein. Seit sie jedoch die Kita besuchen, klappt der bisherige Zeitplan nicht mehr gut. Oft gibt es schon beim Abendessen Streit. Das Brot schmeckt nicht, der Tee ist zu heiß, es scheint sie einfach alles zu stören. Im Bad eskaliert die Situation dann jeden Abend. Die Zwillinge weigern sich, die Zähne zu putzen und schreien laut, wenn ihre Eltern ihnen das Gesicht waschen wollen. Das Abendritual wird zur Zerreißprobe für alle, und die Nerven liegen blank. Die Eltern können sich einfach nicht erklären, warum sich die Situation so zugespitzt hat.

Was passiert gerade?

Lina und Lotte benehmen sich völlig anders, seit sie in der Kita sind. Sie scheinen streitsüchtiger geworden zu sein und weigern sich, die Zähne zu putzen. Woran kann das liegen? Im Leben von Lina und Lotte passiert plötzlich sehr viel Neues und Ungewohntes. Sie müssen sich in der Kita zurecht finden, suchen dort noch ihren Platz und nach Sicherheit. Der Besuch der Kita und der neue Zeitplan, der dafür nötig ist, ist noch nicht zur Gewohnheit geworden (siehe Kapitel *Eine Familie braucht Rituale*). Das alles verursacht bei den beiden Stress. Zu Hause fühlen sie sich sicher, wollen dort Dampf ablassen und das tun, was sie sich in der Kita nicht trauen. Das können sie natürlich noch nicht so formulieren und zeigen es daher auf ihre Weise. Außerdem ist ein Tag in der Kita für die Kleinen sehr anstrengend, sie sind am Abend einfach müde und fangen deshalb an zu zanken.

Was kann ich tun?

Da Lina und Lotte wahrscheinlich am Abend müde und gestresst sind, solltest du dir ein neues Abendritual mit einem geänderten Zeitplan überlegen, das alte scheint ja nicht mehr zu passen.

Erkläre deinen Kindern, dass du ihnen bereits vor dem Abendbrot den Schlafanzug anziehst und das Gesicht wäschst. Die Zahnbürste bereitet ihr ebenfalls schon vor, so müssen nach dem Essen nur noch die Zähne geputzt werden. Jetzt kommt wahrscheinlich von der einen oder anderen Mama der Einwand: „Ja, aber wenn der Schlafanzug beim Essen dann dreckig wird?" Dann ist das auch kein Problem, deine Kinder können selbst mit Flecken auf dem Schlafanzug gut schlafen ☺

Bei Familie Messer hat dieses geänderte Ritual übrigens sehr gut funktioniert. Der Abend war wesentlich entspannter, die Kinder noch fit, als sie bettfertig gemacht wurden. Nach dem Essen wurde schnell Zähne geputzt und dann sind die beiden meist schon beim Vorlesen eingeschlafen.

Was kann ich sagen?

- „Lina und Lotte, ich glaube, dass ihr abends sehr müde seid. Das kann ich gut verstehen. In der Kita erlebt ihr so viel, da wäre ich auch müde."
- „Ich denke, es ist besser, wenn wir euch vor dem Abendbrot das Gesicht waschen und den Schlafanzug anziehen. Außerdem bereiten wir schon die Zahnbürste vor. Dann haben wir nach dem Essen mehr Zeit zum Kuscheln und Lesen."
- „Was haltet ihr davon?"

Von einem Termin zum nächsten

Rosa (5) und Karl (7) haben nach der Kita und der Schule noch einige Termine. Rosa geht zum Logopäden und tanzt zweimal pro Woche. Karl macht seine Hausaufgaben, trainiert zweimal wöchentlich im Handballverein und hat jedes Wochenende ein Spiel. In der Schule fällt auf, dass er motorische Probleme hat, und nun geht er zusätzlich einmal wöchentlich zur Ergotherapeutin. Rosa und Karl haben wenig Zeit, um sich mit Freunden zu treffen oder einfach mal zu Hause zu spielen. Jeden Tag steht etwas anderes auf dem Programm. Sie gehen zwar grundsätzlich gerne zum Sport, doch in letzter Zeit meckern sie häufig, trödeln herum, schinden Zeit und sind lustlos.

Was passiert gerade?

Rosa und Karl sind überfordert von den vielen Terminen. Ihre Eltern meinen es sicherlich gut mit ihnen. Sie wollen ihnen viele Chancen bieten und sie bei ihrer Entwicklung unterstützen. Leider ist das hier zu viel des Guten. Ich kann alle Eltern verstehen, die ihre Kinder fördern möchten und alles unternehmen, um mögliche Defizite zu beheben. Das ist auch wichtig. Wir sollten jedoch gut überlegen, welches das richtige Maß ist. Kinder brauchen keinen vollen Terminkalender, sie sind noch in der luxuriösen Lage, ihre Zeit genießen zu können.

Und selbst wenn Kinder „nur" spielen und Spaß haben, lernen sie bereits so viel und entwickeln sich weiter. In ihrem Gehirn werden neue Synapsen gebildet und Nervenzellen verbunden, was ihre geistigen und motorischen Fähigkeiten fördert. Und sie machen wichtige Erfahrungen. Diese Möglichkeit sollten wir unseren Kindern bieten. Sie müssen nicht ständig beschäftigt und bespaßt werden. Es ist gut, wenn sie sich mal langweilen. Dann werden sie kreativ und entwickeln neue Ideen.

Für Kinder ist es wichtig, nicht ständig verplant zu sein. Sie brauchen Freiraum und Freizeit um sich entwickeln zu können. Sie müssen spüren, wie es ist, einfach mal nichts vorzuhaben und ihre

Gedanken fließen zu lassen. Wir Eltern haben das leider oft schon verlernt, weil wir ständig funktionieren wollen und müssen. Doch hier gilt: Manchmal ist weniger mehr.

Was kann ich tun?

Wenn du merkst, dass dein Kind mit Terminen überfordert ist, solltest du sofort gegensteuern. Verschaffe deinem Kind Freiräume und finde heraus, was es gerade braucht und was ihm gut tut. Kinder kennen das Wort Stress noch nicht, aber sie spüren ihn und merken sehr wohl, wenn es ihnen zu viel wird. Das merkt man dann daran, dass sie sich zurückziehen, wütend werden, überdreht sind, anfangen zu weinen oder schweigsam werden. Wenn du solche Anzeichen bemerkst, musst du den Stresskreislauf durchbrechen. Sage Termine ab und biete deinem Kind die Möglichkeit Kraft zu tanken. Es muss dich nicht kümmern, wenn das andere nicht verstehen oder übertrieben finden (siehe Kapitel *Geh mit deinem Kind deinen eigenen Weg*). Es kann sein, dass dein Kind Zeit mit dir verbringen will, Nähe und Geborgenheit braucht. Es ist ebenso möglich, dass es alleine spielen, lesen oder ein Hörbuch hören möchte. Vielleicht will es sich auch mit Freunden treffen und einfach nur spielen oder chillen. Das ist alles in Ordnung. Kinder wissen genau, was sie brauchen, um zu entspannen. Du sollst im entscheidenden Augenblick erkennen, dass zu viel auf dein Kind einströmt und ihm seinen Freiraum zurückgeben.

Was kann ich sagen?

- „Ich möchte gerne mal mit euch reden. Wie geht es euch gerade?"
- „Ich habe den Eindruck, dass euch im Moment alles zu viel wird. Wie seht ihr das?"
- „Ich kann das gut verstehen. Ich mag es auch nicht, wenn ich so viele Termine habe. Wir suchen eine Lösung für euch."
- „Was möchtet ihr verändern? Was sollen wir weglassen? Was macht euch keinen Spaß mehr? Was ist anstrengend für euch?"

Rosa und Karl werden dies schon sehr genau benennen können. Wenn dein Kind unter 4 Jahren ist, kann es das allerdings noch nicht. Dann solltest du herausfinden, was ihm gut tut und was ihr verändern könnt.

Immer diese Hausaufgaben – Endlich stressfrei zuhause lernen

„Was Hänschen nicht lernt, lernt Hans nimmermehr" – mit diesem Spruch versuchte mich mein Großvater früher zum Lernen zu motivieren. Wenn das Thema Schule und Hausaufgaben aufkommt, denken wir oft an unsere Kindheit zurück. Und dann treten schnell Glaubenssätze von damals bei uns zutage, wie etwa: „Mädchen sind schlecht in Mathe" oder „Singen kannst du nicht, das konnte niemand aus unserer Familie". Mal machte das Ganze Freude, dann gab es wieder Diskussionen über Sinn und Unsinn mit Eltern und Lehrern. Das war früher so und hat sich leider bis heute nicht geändert.

Mit Schulbeginn geben wir unsere Kinder endgültig in „fremde Hände" und erleben, welche Auswirkungen das Schulsystem auf sie hat. Jetzt spielt in der Schule die Musik, Leistung ist angesagt. Von dort bringen unsere Kinder Positives und Negatives mit nach Hause. Freude, Begeisterung, Anspannung, Frust. Eine spannende Unterrichtsstunde, von der uns unser Kind erzählt, eine Mathearbeit, die der Lehrer angeblich viel zu schlecht benotet hat. Die Nachwirkungen treffen auch unser Zuhause. Der ohnehin schon große Alltagstrubel wird dank der Schule noch um eine Facette reicher. Ebenso wie Lehrer und Pädagogen sind wir zu Hause gefragt, das Boot Schule in ruhigem Fahrwasser zu halten und unsere kleinen Kapitäne dauerhaft für die Seefahrt auf dem Ozean des Wissens zu begeistern.

Jetzt trödel nicht herum!

Simon ist in der 2. Klasse und geht gerne zur Schule. Wenn da nur die Hausaufgaben nicht wären. Er isst in der Betreuung zu Mittag, hat dann eine halbe Stunde Spielzeit und wird anschließend von seiner Mutter abgeholt. Zu Hause angekommen, soll er mit den Hausaufgaben anfangen. Simon und seine Mutter setzen sich an den Tisch, schauen, was er aufhat und dann beginnt Simon mit den Aufgaben. Er hat jedoch nicht besonders viel Lust, trödelt herum, malt und beschäftigt sich mit anderen Dingen. Seine Mutter treibt ihn immer wieder an und irgendwann gibt es Diskussionen und die Situation eskaliert. Meistens endet die Hausaufgabenzeit nach zwei Stunden mit Tränen und Geschrei. Simons Mutter weiß nicht mehr, was sie machen soll. Sie findet die Nachmittage unerträglich und merkt, dass auch Simon sehr darunter leidet.

Was passiert gerade?

Simon (7) war den ganzen Tag in der Schule, danach in der Betreuung und hat somit schon einiges geleistet. Seine Mutter ebenfalls. Beide haben schon positive und negative Emotionen gesammelt, sind vielleicht ein wenig müde oder auch reizüberflutet. Wenn die beiden nach Hause kommen, geht es gleich weiter mit den Hausaufgaben. Sie haben keine Auszeit, um ihren Emotionsspeicher zu leeren (siehe Kapitel *Leere deinen Emotionsspeicher*). Simon kann sich vielleicht nicht mehr gut konzentrieren, ist gelangweilt und müde und soll jetzt schon wieder Leistung erbringen. Er müsste erst einmal seinen Akku aufladen, bevor es weitergeht. Diese Auszeit nimmt er sich, indem er trödelt und träumt. Anders kann er es noch nicht formulieren. Wenn seine Mutter ihm dann Druck macht, ist er sauer und verweigert die Zusammenarbeit. Wenn beide an ihrer Belastungsgrenze sind, ist das aber keine gute Basis, um gemeinsam Hausaufgaben zu machen oder zu lernen. Im Laufe der Zeit hat sich das Thema Hausaufgaben zum Schreckgespenst in der Familie entwickelt. Simon findet sie doof und bei seiner Mutter wächst die Anspannung schon, wenn sie nur daran denkt.

Was kann ich tun?

Simon braucht als Erstes eine Auszeit. Die halbe Stunde Spielzeit in der Betreuung reicht nicht aus, um zu entspannen. Sprich mit Simon und frag ihn, was er braucht. Du könntest mit ihm nach der Schule ein wenig nach draußen gehen, Bewegung ist immer gut. Oder ihr legt euch zu Hause auf die Couch und du liest ihm etwas vor. Vielleicht möchte er auch alleine sein, geht in sein Zimmer, spielt dort oder hört ein Hörbuch. Dann kannst du in Ruhe eine Tasse Kaffee trinken.

Es wäre gut, das negativ belegte Thema Hausaufgaben in einzelne Komponenten aufzudröseln und am Wo, Wie, mit Wem, Wie lange etwas zu verändern. Frag Simon, ob er die Hausaufgaben lieber in seinem Zimmer machen möchte. Vielleicht fühlt er sich da wohler, vielleicht lenken ihn die Spielsachen in seinem Zimmer aber auch eher ab. Genauso kann es sein, dass er alleine mit den Hausaufgaben beginnen möchte, und du sitzt nicht die ganze Zeit neben ihm, sondern schaust nur noch am Ende darüber. Er ist schon in der 2. Klasse und kann das. Dadurch kann Simon selbst entscheiden, mit was er beginnt und übernimmt Verantwortung. Du solltest kleine Pausen zwischen den einzelnen Themen anbieten, am besten Bewegungspausen. Wenn Simon 15 Minuten gearbeitet hat, könnt ihr zusammen Fangen spielen, Dehnübungen oder Hüpfspiele machen. Achte darauf, dass Simon nicht zu lange arbeitet. Eine kleine Unterbrechung ist immer sinnvoll, danach läuft es wieder besser. Wenn er konzentriert ist, ist er auch schneller fertig. Das kennen wir doch von uns selbst. Wichtig ist, dass ihr über die Situation redet, dann kann er sich besser einfinden und weiß, was auf ihn zukommt. Das bringt euch beide weiter und sorgt für gemeinsame Lernerfolge.

Was kann ich sagen?

- „Wir streiten jeden Nachmittag bei den Hausaufgaben. Das finde ich gar nicht schön. Es macht mich sogar traurig."
- „Ich habe den Eindruck, dass es dir zu viel ist, gleich nach der Schule Hausaufgaben zu machen. Wir hatten beide einen anstrengenden Tag und sollten eine Pause einlegen. Was hältst du davon?"
- „Was würdest du gerne nach der Schule machen?" Nimm die Wünsche deines Kindes erst und versuche sie umzusetzen.
- „Das ist eine gute Idee. Dann können wir beide ausruhen und Kraft tanken und später machen wir Hausaufgaben."
- „Wo möchtest du die Hausaufgaben gerne machen? Soll ich dir dabei helfen oder möchtest du sie alleine machen?"
- „Ich hätte gerne, dass du nach 15 Minuten oder wenn du dich nicht mehr konzentrieren kannst, eine Pause einlegst. Dann spielen wir etwas zusammen. Danach ist dein Kopf frei und du kannst wieder besser arbeiten."

Deine Schwester schafft das doch auch!

Louise (6) ist das mittlere von drei Kindern. Ihre Schwester ist 8 und ihr Bruder 4 Jahre. Nachmittags holen die Eltern die Kinder aus der Kita und der Betreuung ab. Nach einer Auszeit stehen für Louise und ihre Schwester Hausaufgaben an. Sie sitzen im Wohnzimmer am Tisch und arbeiten. Der kleine Bruder spielt daneben und die Mutter bereitet das Abendessen vor. Es ist laut und hektisch. Louise arbeitet sehr langsam und kommt nicht gut voran. Sie braucht wesentlich länger als ihre Schwester und verliert schnell die Geduld. Dann meckert sie: „Ich habe keine Lust, immer diese doofen Hausaufgaben. Ich will lieber spielen." Ihre Mutter hat wenig Verständnis dafür und sagt: „Mensch Louise, stell dich nicht so an. Deine Schwester bekommt das doch auch hin und sie hat viel mehr auf als du." Nach dieser Aussage schmeißt Louise Hefte und Mäppchen auf den Boden, läuft aus dem Zimmer und knallt die Tür zu.

Was passiert gerade?

Die Kinder machen im Wohnzimmer Hausaufgaben. Hier geht es sehr laut zu und Louise ist abgelenkt und kann sich nicht konzentrieren. Sie sieht, dass ihr Bruder spielt und würde das auch viel lieber tun. Das sind keine guten Voraussetzungen, um Hausaufgaben zu machen. Ihrer großen Schwester scheint es nichts auszumachen, unter diesen Bedingungen zu arbeiten. Vielleicht kann sie die Außenwelt und die Geräusche besser ausblenden. Kinder sind nun mal sehr unterschiedlich und das zeigt sich gerade in dieser Situation.

Die Mutter vergleicht ihre beiden Töchter und will Louise den Spiegel vorhalten. Sie tut das zwar nicht mit böser Absicht, doch Vergleiche, gerade unter Geschwistern, können sehr verletzend sein. Die Mutter tut ihren beiden Töchtern nichts Gutes damit. Solche Vergleiche fördern eher Neid, Eifersucht und Konkurrenzverhalten unter Geschwistern.

Was kann ich tun?

Kinder sollten ihre Hausaufgaben in einer ruhigen Umgebung machen, in der sie sich wohlfühlen. In diesem Fall solltest du dafür sorgen, dass die Hausaufgaben im Kinderzimmer gemacht werden, im besten Fall am eigenen Schreibtisch. So kann sich Louise zurückziehen, sie hat ihre Ruhe, kann sich konzentrieren und ungestört arbeiten. Bevor dein Kind eingeschult wird, kannst du diesen neuen Lebensabschnitt schon vorbereiten. Ihr kauft gemeinsam einen Schreibtisch, dein Kind darf sich eine Schreibtischunterlage und eine Schreibtischstuhl aussuchen. Somit weiß es jetzt schon, dass dies sein Rückzugsort ist, um für die Schule zu arbeiten, oder aber um zu malen und zu basteln.

Wenn dies aus räumlichen Gründen nicht möglich ist, solltest du dafür sorgen, dass die Kinder im Wohnzimmer ihre Ruhe haben. Während die beiden Mädchen Hausaufgaben machen, sollte sonst niemand im Raum und die Tür zu sein. Dein kleiner Sohn sollte woanders spielen. Denn Kindergeschrei und Töpfeklappern aus der Küche stören nur.

Wichtig ist, dass du deine Kinder nicht vergleichst und keinem vorhältst, was das Geschwisterkind besser kann. Dass wir solche Überlegungen anstellen, ist aber irgendwie normal. Wir fragen uns: „Warum kann Louise das nicht? Ihre Schwester bekommt es doch auch hin." Wenn dir das passiert, dann ruf dir in Erinnerung, dass deine Kinder unterschiedlich sind und jedes seine Stärken und Schwächen hat. Wenn du sie vergleichst, entwickeln sie Glaubenssätze wie: „Ich bin nicht gut genug. Ich schaff das nicht. Alle anderen sind besser als ich." (siehe Kapitel *Finde heraus was dich prägt*) Und diese negativen inneren Überzeugungen können sie bis ins Erwachsenenalter behindern.

Was kann ich sagen?

- „Louise, es tut mir leid, dass ich dich mit deiner Schwester verglichen habe. Das war nicht fair. Du machst deine Hausaufgaben sehr ordentlich und brauchst dafür Ruhe. Ich entschuldige mich bei dir."
- „Ich könnte auch nicht gut arbeiten, wenn es im Wohnzimmer so laut ist. Ich habe einen Vorschlag. Möchtest du künftig die Hausaufgaben in deinem Zimmer machen? Dort stört dich keiner. Du kannst dich konzentrieren und wirst nicht von deinem kleinen Bruder und mir abgelenkt."
- „Was hältst du davon?"
- „Du darfst dir einen Schreibtisch aussuchen und dann gestalten wir in deinem Zimmer einen schönen Arbeitsplatz, an dem du dich wohlfühlst." Louise war übrigens ganz stolz, dass sie einen eigenen Bereich bekam. Sie macht ihre Hausaufgaben jetzt ganz eigenständig und bastelt oft an ihrem Schreibtisch. Es ist ihr Rückzugsort geworden.

Mama, du kannst nicht rechnen!

Ben (7) macht jeden Tag mit seiner Mutter Hausaufgaben. Sie sitzt die ganze Zeit neben ihm, achtet darauf, dass er die richtigen Materialien hat, korrigiert ihn, wenn er Fehler macht und unterstützt ihn bei Fragen. Das klappt auch immer gut, sie sind zügig fertig und Ben hat noch genügend Zeit zum Spielen. Jetzt lernt Ben in Mathe multiplizieren und tut sich damit schwer. Seine Mutter möchte es ihm erklären, macht das jedoch anders als die Lehrerin in der Schule. Er sagt das mehrfach, doch seine Mutter besteht darauf, dass es so funktioniert. Als die Lehrerin am nächsten Tag die Hausaufgaben kontrolliert, sind alle Rechenwege falsch und Ben muss sie noch einmal machen. Er ist sauer und sagt zu seiner Mutter: „Du kannst nicht richtig rechnen, das habe ich gestern schon gesagt. Wegen dir muss ich jetzt alles noch mal machen. Du bist doof. Ich will nicht mehr mit dir Hausaufgaben machen, ich mach das lieber alleine." Seine Mutter ist enttäuscht, sie wollte ihm doch nur helfen.

Was passiert gerade?

Bens Mutter meint es gut und möchte ihren Sohn unterstützen. Sie greift ihm unter die Arme, wo es nur geht. Dadurch werden sie natürlich zügig fertig und sie verschafft Ben und sich Freiräume. Doch sie schränkt Ben damit sehr in seiner Eigenständigkeit ein. Wie soll er lernen, Verantwortung zu übernehmen und selbständig zu handeln, wenn seine Mutter ihm alles abnimmt? Hausaufgaben dienen der Wiederholung des Lernstoffs, zeigen dem Kind, was es schon gut kann und wo es vielleicht noch üben muss. Ben scheint es zu akzeptieren, dass seine Mutter jeden Tag während der Hausaufgaben bei ihm sitzt. Das bietet schließlich einige Vorteile: Er muss sich nicht anstrengen und hat danach viel Zeit zum Spielen. Das ist zwar sehr schön, aber nicht zielführend.

Außerdem wird heute mit neuen Lösungsansätzen und Methoden gearbeitet, die Bens Mutter nicht kennt. Daher hat sie ihm auch den Rechenweg bei der Multiplikation falsch erklärt. Es ist verständlich, dass sich Ben ärgert, denn er hat ja im Vorfeld versucht, seiner Mutter das zu sagen. Doch sie hat seine Einwände ignoriert. Jetzt macht er ihr Vorwürfe.

Was kann ich tun?

Ich kann nur dafür werben, dass du dein Kind eigenständig arbeiten lässt. Es muss seine eigenen Erfahrungen machen, muss erkennen, was es gut kann und wo es noch üben muss oder Unterstützung braucht. Nur so kann es sich selbst einschätzen und sich auf sich selbst verlassen. Dann kann es auch stolz sein, wenn es selbst etwas gut gemacht hat und sich über gute Noten oder ein Sternchen freuen. Es hat ja alles aus eigener Kraft geschafft. Wenn du ihm alles abnimmst, beraubst du es dieser Erfahrung. Es wird unsicher werden und immer deine Hilfe einfordern.

Das heißt nicht, dass du dein Kind alleine lassen sollst. Zeige ihm, dass du da bist, stehe für Fragen zur Verfügung, doch lass es selbst Lösungen finden. Wenn es Fehler macht, ist das nicht schlimm. Lebe ihm dies vor. Fehler sind da, um daraus zu lernen. Nur so kann es erkennen, wo es steht. Fokussiere dich nicht auf Fehler, sag ihm lieber, was es gut macht.

Du meinst es gut, willst dein Kind unterstützen und ihm Freiräume bieten. Vielleicht solltest du trotzdem ein wenig an deiner Grundeinstellung arbeiten (siehe Kapitel *Ich bin okay, du bist okay*). Aus welcher Haltung heraus machst du das? In diesem Fall aus einer +/− Einstellung: ich bin in Ordnung, du bist nicht in Ordnung. Natürlich kannst du besser rechnen und schreiben als ein Grundschüler und du möchtest ihm helfen, doch das ist nicht gut. Dein Kind wird sich neben dir klein und unwissend fühlen. Nimm dich zurück und lass ihm die Möglichkeit an seinen Aufgaben zu wachsen.

Was kann ich sagen?

- „Ben, du hast völlig recht. Ich habe dir die Aufgaben falsch erklärt. Es tut mir leid."
- „Ich kann gut verstehen, dass du dich über mich ärgerst. Es ist doof, dass du jetzt alles noch mal machen musst."
- „Ich habe mir überlegt, dass du in Zukunft die Hausaufgaben besser ohne mich machst. Du kannst sehr gut alleine arbeiten und kannst das bestimmt besser als ich. Wenn du Fragen hast, helfe ich dir gerne. Ich werde aber nicht mehr die ganze Zeit neben dir sitzen."

Ben ist dieses Ritual gewohnt und es wird ihm anfänglich schwer fallen, alleine zu arbeiten. Bestätige ihn immer wieder, dass er das gut macht und alleine schafft.

Na dann Mahlzeit – Problemlösungen fürs Essen

„Guten Appetit" – ist eigentlich ja ein schöner Wunsch, den man vor dem Essen äußert. Doch bei manch einer Familie ist am Esstisch gar nichts gut und mit dem Appetit hapert es auch oft. Erwachsene wollen ihr Essen in Ruhe genießen, doch bei vielen schnellt während der Mahlzeit der Puls nach oben. Die Kinder turnen auf dem Stuhl herum, die eine oder andere Portion Nudeln landet auf dem Boden, der Esstisch wird mit Früchtetee geflutet – kurzum es tobt der Bär.

Um das zu verhindern, versucht man in manchen Familien die kleinen Esser mit Multimediamitteln ruhig zu stellen oder abzulenken, was sich dann zu schädlichen negativen Ritualen entwickeln kann, sodass es irgendwann nicht mehr ohne das Handy oder den Tablet-Computer neben dem Teller geht. Und dann gibt es noch diejenigen Kinder, die die Aufnahme vernünftiger Nahrung verweigern und nichts oder nur wenig essen. Konflikte und Krisen rund ums Essen gibt es in so vielen Familien. Doch wie löst man sie? Wie kann es gelingen, dass Eltern und Kinder in Ruhe gemeinsam essen können? Welche Spielregeln könnte es geben? Wie kann man alle Interessen vereinen, damit das Essen für alle zu einem Familienerlebnis wird?

Das schmeckt mir nicht!

Felix (5) war nie ein guter Esser. Als er gestillt wurde, war es noch unproblematisch. Seit er jedoch feste Nahrung bekommt, isst er nur kleine Portionen und ist inzwischen auch sehr wählerisch geworden. Er mag gerne Nudeln in jeglicher Form, Pommes und Bratwurst. Gemüse schmeckt ihm überhaupt nicht. Seine Mutter hat Angst, dass er zu wenig Nährstoffe bekommt. Mittlerweile wird in der Familie ständig über das Thema Essen gesprochen, und Felix wird immer wieder gefragt, warum ihm dies oder jenes nicht schmeckt. Weil der Junge nur so kleine Portionen zu sich nimmt, erlaubt ihm seine Mutter, dass er vor und nach den Mahlzeiten Süßigkeiten und Chips isst, damit er wenigstens ein paar Kalorien aufnimmt. Dieses Angebot nimmt Felix gerne in Anspruch und nascht generell vor den Mahlzeiten den einen oder anderen Schokoriegel. Außerdem steht im Wohnzimmer immer eine gut gefüllte Schale mit Schokolade und anderen zuckerhaltigen Snacks, wo er sich ebenfalls bedienen kann. Bei den gemeinsamen Mahlzeiten verweigert sich Felix öfter, greift aber kurze Zeit später wieder nach Süßigkeiten. Die Eltern machen sich Sorgen und fragen ihren Kinderarzt. Der sagt, dass Felix zwar am unteren Rand der Gewichtskurve liegt, aber sonst ein fittes, gesundes Kerlchen ist. Kein Grund sich Sorgen zu machen.

Was passiert gerade?

Felix hat noch nie gerne und viel gegessen, ihm scheint Essen nicht so wichtig zu sein. Laut Kinderarzt ist er ausreichend versorgt und entwickelt sich gut. Er ist nur klein und schmal. Es ist verständlich, dass die Eltern von Felix sich Sorgen machen und alles versuchen, um ihren Sohn zum Essen zu bewegen. Doch weil sie ihm erlauben, zwischen den Essenszeiten Süßigkeiten und Chips zu naschen, hat Felix schon genug gegessen, wenn die richtigen Mahlzeiten anstehen und streikt dann. Außerdem bekommt der Junge schon seit Jahren sehr viel Aufmerksamkeit, wenn er etwas nicht isst. Es wird viel übers Essen gesprochen und er steht immer im Mittelpunkt, wenn er nichts essen will.

Was kann ich tun?

Wer in diesem Fall den Suppenkaspar aus dem Kinderbuch vor Augen hat, der am vierten Tag der Essensverweigerung bereits so dünn wie ein Fädchen war, macht sich übertriebene Sorgen. Du brauchst nicht aus Angst, dein Kind könnte abmagern, in Panik ausbrechen. Hier ist es wichtig, Ruhe zu bewahren und gelassen mit dem Thema Essen umzugehen. Felix ist laut Arzt ausreichend versorgt und hier gilt es zu akzeptieren, dass er nicht so gerne isst. Die süßen Zwischenmahlzeiten würde ich allerdings künftig nicht mehr anbieten. Felix hat die Möglichkeit, bei den Mahlzeiten zu essen und kann, wenn er etwas „Ordentliches" gegessen hat, obendrein drei Gummibärchen haben. Doch diese sind kein Ersatz für eine Mahlzeit. Als Zwischenmahlzeit würde ich ihm Obst und Gemüse anbieten. Hier hat sich ein Ritual eingeschlichen, das verändert werden muss (siehe Kapitel *Eine Familie braucht Rituale*).

Kinder sind grundsätzlich neugierig und werden gerne eingebunden. Du könntest gemeinsam mit Felix die Mahlzeiten zubereiten. Er kann sich ein Gericht wünschen und beim Kochen helfen. Kinder sind stolz, wenn sie etwas selbst gemacht haben. Essen ist Genuss und das Auge isst mit. Im Internet findest du tolle Vorschläge, wie du Obst und Gemüse oder das Abendbrot einladend anrichten kannst. Wenn dann das Brotmonster oder die Gurkenschlange auf dem Teller liegt, schmeckt es plötzlich viel besser. Es gibt auch tolle Kochbücher für Kinder. Die Gerichte darin sind kindgerecht beschrieben und in Bildern werden die einzelnen Zubereitungsschritte erklärt. Damit wird Kochen kinderleicht.

Du solltest das Kapitel Essen außerdem nicht ständig zum Thema machen. Das stresst alle Familienmitglieder. Versuche es ein paar Wochen nicht anzusprechen. Das könnte die Lage entspannen.

Was kann ich sagen?

- „Felix, wir diskutieren fast bei jedem Essen. Das möchte ich in Zukunft nicht mehr. Du kannst von nun an entscheiden, was du isst und wann du satt bist."
- „Es stört mich, dass zwischen den Mahlzeiten Süßigkeiten gegessen werden. Das ist nicht gut für uns. Künftig können wir nach dem Essen noch etwas Süßes essen, zwischendurch nicht mehr. Ich werde die Schale im Wohnzimmer wegstellen." Diese Mitteilung wird Felix nicht gefallen, doch er wird sich daran gewöhnen.
- „Ich würde in Zukunft gerne mit dir das Essen aussuchen und vorbereiten. Was hältst du davon?"
- „Ich habe ein besonderes Kochbuch für Kinder gekauft. Du kannst dir Gerichte aussuchen, die du kochen möchtest und ich helfe dir dabei."

Zirkus am Esstisch

Bei Familie Kolle sind die Mahlzeiten immer sehr anstrengend. Ein gemeinsames Frühstück, bei dem alle Familienmitglieder zusammen am Tisch sitzen, gibt es nicht. Die Kinder bekommen ein Brot oder Müsli, die Eltern trinken nur eine Tasse Kaffee im Stehen. Mittags essen die Kinder in der Kita und das Abendessen wird zusammen eingenommen. Die Eltern holen die Kinder nach der Arbeit von der Kita ab und kochen dann. Meist geht es beim Abendessen sehr hektisch zu. Die Mutter steht häufig vom Tisch auf, weil die Kinder noch etwas zu Trinken wollen oder einen Löffel brauchen. Mette (5) und Niklas (3) springen während des Abendessens öfters mal vom Stuhl und rennen durchs Wohnzimmer, oder Niklas will auf Papas Schoß. Meist fällt dabei etwas um oder geht zu Bruch. Die Stimmung ist häufig geladen und das Essen wird eilig hinuntergeschlungen, damit der ganze Zirkus schnellstmöglich vorbei ist.

Was passiert gerade?

In jeder Familie gibt es unterschiedliche Essensrituale und hier muss jede Familie entscheiden, was für sie passt. Bei Familie Kolle gibt es anscheinend wenig Regeln und Rituale. Die Mahlzeiten sind hier keine willkommene Gelegenheit zusammen zu sein und sich miteinander auszutauschen, sondern werden als Belastung empfunden. Die Eltern sind nach einem anstrengenden Tag erschöpft und das Kochen am Abend stresst noch mehr. Die Kinder sind aufgedreht und wollen Aufmerksamkeit und Geborgenheit. Essen ist für sie nicht so wichtig, sie wollen lieber Zeit mit ihren Eltern verbringen. Ihnen ist es egal, was auf den Tisch kommt. Die Eltern möchten ihnen wenigstens abends ein gemeinsames Essen anbieten und das setzt sie unter Druck. Die Kinder spüren das und reagieren entsprechend darauf.

Was kann ich tun?

Es ist wichtig, sich eine neue Struktur für den Tagesablauf der Familie zu überlegen und neue Rituale einzuführen. Du könntest beim Frühstück anfangen und vielleicht schon am Vorabend für alle den Tisch decken, falls das morgens zu viel Zeit kostet. Dabei können die Kinder gerne helfen. Sie freuen sich, wenn sie kleine Aufgaben übernehmen können und es fördert das „Wir-Gefühl" in der Familie. Das Frühstück ist der gemeinsame Start in den Tag, hier könnt ihr darüber reden, was heute so ansteht.

Wenn ihr am Nachmittag nach Hause kommt, sollte erst einmal Familienzeit angesagt sein: gemeinsam etwas spielen, zusammen kuscheln, einen kleinen Spaziergang machen. Das entspannt alle und die Nähe und Geborgenheit tun gut. Danach bereitet ihr gemeinsam das Abendessen vor. Es ist nicht nötig, dass immer ein warmes Gericht auf dem Tisch steht. Es kann genauso mal eine Brotzeit sein.

Oder ein Elternteil kocht, der andere spielt mit den Kindern. Achte darauf, dass alles auf dem Tisch ist, was ihr braucht und du nicht ständig etwas holen musst. Du bist ein Vorbild für deine Kinder. Wenn du dauernd aufstehst, werden sie auch nicht am Tisch sitzen bleiben.

Ich bin ein Fan von Tischregeln, doch ob ihr welche aufstellen wollt, müsst ihr selbst entscheiden. Ihr könntet gegebenenfalls im Vorfeld darüber sprechen, wie ihr euch die gemeinsamen Mahlzeiten vorstellt. Mögliche Regeln könnten sein:

- Wir bleiben alle am Tisch sitzen, bis wir fertig sind.
- Wir wünschen uns einen guten Appetit.
- Wir fangen gemeinsam an zu essen.
- Wir spielen nicht mit Essen und schmeißen es auch nicht herum.
- Wenn es geht, essen wir mit Besteck.

Wenn ihr Regeln aufstellt, müssen sie an das Alter der Kinder angepasst und für euch auch durchsetzbar sein. Ansonsten solltet ihr sie lieber weglassen. Ihr könnt außerdem ein Plakat mit den Tischregeln malen und im Esszimmer aufhängen.

Was kann ich sagen?
- „Ich finde es nicht schön, dass es beim Abendessen immer so hektisch zugeht. Wie empfindet ihr das?"
- „Wollen wir gemeinsam versuchen, dies zu ändern?"
- „Was haltet ihr davon, wenn ihr mir helft, den Tisch zu decken? Ihr seid beide schon so groß, es wäre mir eine große Hilfe."
- „Wenn wir nachmittags nach Hause kommen, unternehmen wir zuerst etwas gemeinsam und danach bereiten wir zusammen das Essen vor."
- „Wir würden gerne mit euch Tischregeln vereinbaren. Wie wollen wir essen? Was wollen wir beim Essen nicht tun?" Die Regeln sollten aufgeschrieben oder gemalt werden und in den ersten Wochen, bis sie sich eingespielt haben, gut sichtbar aufgehängt werden.

Entertainment zum Essen

Sina (4) isst ihr Abendbrot nur, wenn sie gleichzeitig auf dem Compu-tertablet eine Sendung sehen darf. Wenn dies nicht der Fall ist, verwei-gert sie die Nahrung, schreit laut und schlägt auf den Tisch. Angefan-gen hat das Ganze als Sina 2 Jahre alt war. Damals gingen ihre Eltern in ein Restaurant. Sina war es langweilig und damit sie nicht anfing zu meckern, wurde ihr das Tablet vor die Nase gestellt. Sina war faszi-niert von den bewegten Bildern und blieb ruhig. Die Eltern konnten in aller Ruhe essen. Danach kam es immer mal wieder vor, dass Sina wäh-rend eines Essens mit dem Tablet bespaßt wurde. Mittlerweile fordert sie das aber lautstark ein und isst nur noch, wenn ein Film läuft. Das Essen ist dabei Nebensache. Sie ist so fokussiert auf den Bildschirm, dass sie immer alles in sich hineinschaufelt, bis der Teller leer ist. Dies führt dazu, dass Sina leicht übergewichtig ist.

Was passiert gerade?

Mit einem 2-jährigen Kind im Restaurant zu essen, kann anstren-gend sein. Kinder in diesem Alter sind meist sehr agil und unterneh-mungslustig und wollen nicht über längere Zeit still am Tisch sitzen. Sie wollen Nähe, Geborgenheit, Aufmerksamkeit. Auch ihre Neugier und ihr Bewegungsdrang sind groß. Die Eltern von Sina wollten da-mals einen entspannten Abend verbringen und haben ihre Tochter mit dem Tablet abgelenkt. Es hätte sicher andere Möglichkeiten ge-geben, doch dies war am unkompliziertesten. Im Laufe der Zeit hat sich dann ein negatives Ritual eingeschlichen. Sina ist so daran ge-wöhnt, dass sie nicht mehr ohne Tablet essen möchte. Dies führt zudem dazu, dass sie gar nicht wahrnimmt, was sie isst. Sie ist gerade mal 4 Jahre alt und während der Mahlzeit durch den Film abgelenkt. Daher kann sie sich gar nicht auf das Essen konzentrieren, isst un-kontrolliert und nimmt wahrscheinlich kein Sättigungsgefühl wahr. Das wäre auch zu viel verlangt von dem kleinen Mädchen. Sie wird mit Reizen überflutet und mit diesen kann sie noch nicht umgehen.

Was kann ich tun?

Hier gilt es, das negative Ritual schnellstmöglich zu unterbrechen und das wird nicht einfach. Das Ritual, dass nur mit Tabletbespaßung gegessen wird, hat sich über 2 Jahre in Sinas Tagesablauf verankert, und das Mädchen wird es vermissen und es einfordern, wenn es abgeschafft wird. Dann musst du viel Geduld und starke Nerven haben, denn Sina wird meckern. Sie tut das aber nicht, um dich zu ärgern, sie möchte nur die gewohnte Ablenkung bekommen. Sie fand das bisherige Ritual schön und entspannend. Das fehlt ihr jetzt, und sie findet das natürlich überhaupt nicht toll.

Es ist wichtig, dass du mit Sina darüber sprichst, bevor du mit der Tabletsperre beginnst. Erkläre ihr, dass es nicht gut ist, beim Essen abgelenkt zu sein. Essen sollte man genießen, die Mahlzeiten können ein zentraler Punkt im Familienalltag sein. Dabei wird geschwatzt, man kann erzählen, was man erlebt hat und freut sich dabei an einem leckeren Essen. Du kannst Sinas Fokus wieder auf das Essen lenken, indem ihr darüber sprecht, wie etwas schmeckt. Gerade in diesem Fall sollte auch kein Fernseher nebenbei laufen und du solltest dein Handy in die Schublade legen. Sina muss lernen, dass alle Familienmitglieder beim Abendessen aufmerksam sind, zuhören und sich aufeinander einlassen. Und das alles musst du ihr vorleben.

Was kann ich sagen?

- „Sina, du möchtest beim Abendbrot immer Tablet schauen. Das ist schön für dich und du magst das gerne. Wir möchten das nicht mehr."
- „In Zukunft wird beim Essen kein Tablet mehr geschaut. Was hältst du davon?" Hier wird Widerstand von Sina kommen.
- „Ich kann dich verstehen. Du bist jetzt sauer, das kann ich nachvollziehen. Ich möchte jedoch nicht mehr, dass du beim Abendbrot Tablet schaust."
- „Es ist besser, wenn man nur eine Sache macht und nicht zwei Dinge gleichzeitig. Wenn wir essen, essen wir und wenn wir

Fernsehen oder Tablet schauen, machen wir das. Ansonsten merkst du gar nicht, wie gut das Essen schmeckt, und das ist schade. Mama und Papa legen auch ihre Handys weg. Wir wollen zusammen mit dir am Tisch sitzen und gemeinsam essen. Das ist uns wichtig."

- „Wie schmeckt dir denn das Essen? Was ist alles auf deinem Teller? Nach was schmecken die Tomaten? Welche Farben haben die Dinge, die auf dem Teller liegen? Wer zuerst errät was alles in der Soße ist, hat gewonnen." Durch solche Fragen, lernt Sina wieder, bewusst ihr Essen wahrzunehmen.

Denk daran, es wird nicht einfach, dieses Ritual zu verändern. Du musst sehr konsequent bleiben. Tablet beim Essen ist künftig tabu, ebenso im Restaurant. Ansonsten ist das alte Ritual gleich wieder da. Du kannst ein neues Ritual entwickeln, indem du sagst, dass Sina vor oder nach dem Abendessen eine Folge ihrer Lieblingsserie auf dem Tablett schauen darf, danach kommt das Ding in die Schublade. So ist der Abschiedsschmerz nicht ganz so schlimm.

Guten Abend, gute Nacht – Entspannt ins Bett gehen, ruhig schlafen

Nach einem anstrengenden Tag wollen wir zur Ruhe kommen, freuen uns, wenn unser Kind friedlich einschläft und ohne Probleme durchschläft. Doch allzu häufig wird da nichts draus. Manchmal drehen die Kinder am Abend richtig auf und geben noch mal alles. Als unser Sohn ein Baby war, sagte eine Mutter von drei Kindern zu mir „Nach müde kommt doof." Damals hat mir der Spruch nicht gefallen, doch als unser Sohn ins Kleinkindalter kam, begriff ich, was sie damit meinte. Wenn völlig übermüdete Kinder einen gewissen Punkt überschritten haben, werden sie entweder übellaunig und streitsüchtig oder sie geben noch mal richtig Gas und sind völlig überdreht.

Dann wird es stressig für die Eltern. Gerade deshalb ist es wichtig, geeignete Abendrituale zu finden, um den Tag entspannt ausklingen zu lassen.

Allein im Bett macht Angst

Moritz (5) schläft, seit er auf der Welt ist, im Schlafzimmer seiner Eltern und meistens auch in deren Bett. Wenn er ausnahmsweise mal in seinem Bettchen einschläft, kommt er auf jeden Fall in der Nacht zu seinen Eltern ins Bett gekrochen. Mit 5 Jahren ist er schon recht groß und braucht viel Platz, und die Nächte zu dritt in einem Bett werden immer ungemütlicher. Seine Eltern hätten gerne, dass Moritz in seinem eigenen Bett schläft, doch er weigert sich, und es gibt fast jeden Abend deswegen Theater. Die Eltern wissen nicht, was sie noch tun sollen, damit endlich alle wieder in Ruhe schlafen können.

Was passiert gerade?

Moritz ist die Nähe seiner Eltern gewohnt und vermisst sie in der Nacht. Es ist nichts dagegen einzuwenden, wenn Kinder im elterlichen Bett schlafen. Das muss jede Familie selbst entscheiden. Es gibt Eltern, bei denen schlafen die Kinder schon sehr früh im eigenen Bett und sogar im eigenen Zimmer, andere wiederum praktizieren das Familienbett. Das ist Ansichtssache und sollte zur Familie passen. Zwischen dem 3. und 4. Lebensjahr haben Kinder jedoch die emotionale Reife, um im eigenen Bett zu schlafen und spätestens, wenn sie in die Schule kommen, sollten sie dies auch tun. Jonas ist jetzt schon 5 und hat bisher immer bei seinen Eltern geschlafen. Wenn er nachts aufwacht, fehlen ihm Nähe, Geborgenheit und Sicherheit. Vielleicht hat er zudem Angst. Kinder in diesem Alter haben oft diffuse Ängste: vor der Dunkelheit, vor Monstern oder Gespenstern.

Was kann ich tun?

Im ersten Schritt solltest du mit Moritz über seine Ängste sprechen und sie ernst nehmen. Erkläre ihm, dass es jetzt Zeit ist, im eigenen Bett zu schlafen, und ihr sein Bett und sein Zimmer so gestaltet, dass er sich wohl, geborgen und sicher fühlt.

Kinder schlafen ungern in großen Betten. Ihnen fehlt die kuschelige Gemütlichkeit. Überlegt zusammen, wie ihr sein Bett umgestalten könnt. Macht daraus eine Kuschelhöhle mit vielen Kissen, hängt ein Netz darüber, gestaltet die Umgebung einladend mit Nachtlicht oder LED-Lichtband neben dem Bett. Es gibt überdies tolle Lampen, die Sterne oder andere Bilder an die Decke projizieren. Wichtig ist, dass Moritz aussucht, was ihm gefällt und ihm Sicherheit gibt. Ihr könnt abends die Tür zu seinem Zimmer offen lassen, dann fühlt er sich weniger alleine. Es wäre auch schön, wenn ihr abends ein gemeinsames neues Ritual findet, damit er in seinem neuen Bett gut ankommt.

Diese Umstellung wird ein paar Nächte dauern. Wenn Moritz in der Nacht wieder in euer Bett möchte, gehe mit ihm in sein Zimmer zurück, lege ihn ins Bett und erkläre ihm, dass er jetzt hier schläft. Das ist vielleicht etwas lästig für dich, denn du musst ja dein warmes Bett verlassen. Doch nur so wirst du auf Dauer Erfolg haben. Nach einer Nacht im eigenen Bett solltest du Moritz am nächsten Morgen auf jeden Fall loben. Sag ihm, wie toll du das findest, und dass du stolz auf ihn bist.

Was kann ich sagen?

- „Moritz, ich würde gerne mit dir darüber sprechen, wie wir in Zukunft schlafen möchten? Wir liegen jede Nacht zu dritt im Bett und da du schon so groß bist, wird es dort langsam eng."
- „Was hältst du davon, wenn du von jetzt an immer in deinem Bett schläfst und dort auch die ganze Nacht bleibst?"

- „Wovor hast du Angst? Warum möchtest du nicht in deinem eigenen Bett schlafen?" Nimm die Argumente ernst, die dein Kind dir jetzt sagt, und finde gemeinsam mit ihm Lösungen, damit es keine Angst mehr hat.
- „Das kann ich gut verstehen. Als Kind hatte ich auch manchmal Angst vor Monstern. Wir können vor dem Einschlafen gemeinsam die Monster vertreiben, vielleicht mit Monsterspray. Oder hast du eine Idee, wie wir das machen könnten?"
- „Wie soll dein Bett aussehen, damit du dich darin wohlfühlst?"
- „Das war richtig klasse, du hast die ganze Nacht in deinem Bett geschlafen. Du bist echt ein großer Junge. Ich bin stolz auf Dich. Wie hast du dich gefühlt?"

Ein stressiger Sandmännchenjob

Julia und Thomas bringen ihre Kinder Pira (4) und Pete (1) immer zur gleichen Zeit ins Bett. Jeder ein Kind in seinem Zimmer, da die beiden unterschiedliche Einschlafgewohnheiten haben. Pira bekommt ein Buch vorgelesen, will kuscheln und schläft anschließend mit einem Hörbuch ein. Pete schläft nur ein, wenn ein Elternteil neben ihm liegt. Das klappt wunderbar, bis Thomas seinen Arbeitsplatz wechselt und Schichtdienst hat. Er ist also an mehreren Abenden pro Woche nicht zu Hause und Julia muss die Kinder dann alleine schlafen legen. Für sie ist das extrem anstrengend und die schlimmste Zeit des Tages. Jeden Abend gibt es Schreierei und Geheule, weil sie nicht bei beiden Kindern gleichzeitig bleiben kann, bis sie eingeschlafen sind.

Was passiert gerade?

Pira und Pete haben unterschiedliche Bedürfnisse und möchten natürlich, dass diese befriedigt werden (siehe Kapitel *Werde zum Bedürfnisdetektiv*). Sie wünschen sich Geborgenheit und Nähe und sind es bisher gewohnt, dass immer ein Elternteil für sie da ist und diese

Bedürfnisse erfüllt. Wenn Julia alleine mit den Kindern zu Hause ist, ist dies natürlich nicht möglich. Das übliche Abendritual kann nicht so wie sonst stattfinden. Die Kinder verstehen das natürlich nicht und das Gefühl der Unsicherheit bringt sie zum Weinen.

Was kann ich tun?

Pira ist schon 4 Jahre alt und versteht es, wenn du ihr erklärst, dass ihr am Abendritual etwas ändert, weil einer alleine sich nicht um zwei Kinder in verschiedenen Zimmern kümmern kann. Pete ist noch zu klein, um das zu begreifen. Binde Pira mit ein, um gemeinsam ein neues Abendritual (siehe Kapitel *Eine Familie braucht Rituale*) zu finden, das euch allen gefällt und allen gerecht wird. Du kannst abends gemeinsam mit den beiden in Piras Zimmer im Bett liegen und Pira ihre Geschichte vorlesen und kuscheln. Pete kann dabei in deinem Arm liegen und zuhören. Danach hört Pira ihr Hörbuch und du bringst Pete zu Bett. So kommen alle auf ihre Kosten. Es ist nicht schlimm, wenn Pete ein paar Minuten später zu Bett geht oder bereits bei Pira im Bett einschläft.

Was kann ich sagen?

- „Pira, ich finde es nicht schön, dass es immer eine Schreierei gibt, wenn ihr ins Bett gehen sollt. Wie findest du das denn?"
- „Wenn Papa arbeitet, kann ich euch leider nicht gleichzeitig ins Bett bringen. Was hältst du davon, wenn wir das abends künftig anders machen? Hast du eine Idee, wie wir das machen könnten?"
- „Ja, wir könnten zu dritt kuscheln. Wir legen uns alle in dein Bett, dann lese ich dir vor und Pete darf auch zuhören. Danach bringe ich Pete ins Bett und du darfst dein Hörbuch hören. Wie findest du das?"

Pipi, Durst und Monster

Bei Familie Meyer ist der Abend die schlimmste Zeit des Tages. Die Kinder Paul (6) und Lotte (4) wollen einfach nicht einschlafen. Paul steht immer wieder auf. Erst muss er Pipi, dann hat er Durst. Das nächste Mal ist es in seinem Zimmer zu heiß, und kurze Zeit später sind Monster unter seinem Bett. Er findet immer wieder einen Grund, bei seinen Eltern aufzukreuzen. Lotte hat dieses Verhalten schon übernommen. Lange Zeit ist sie gut eingeschlafen, doch mittlerweile weint sie jeden Abend, ruft nach ihren Eltern und möchte, dass diese ihr die Hand halten, bis sie schläft. Da die Eltern am Abend genauso müde sind und sich nach Ruhe sehnen, reißt ihnen irgendwann der Geduldsfaden und sie verbieten den beiden, noch einmal aufzustehen. Daraufhin schaukelt sich die Situation im Kinderzimmer hoch.

Was passiert gerade?

Damit Kinder gut einschlafen, brauchen sie das Gefühl von Sicherheit und Geborgenheit. Irgendetwas scheint Paul und Lotte zu fehlen, denn die Gründe die sie erfinden, sind natürlich nur vorgeschoben. Im Laufe der Zeit, hat sich daraus schon ein negatives Ritual (siehe Kapitel *Eine Familie braucht Rituale*) entwickelt, das dringend verändert werden muss. Denn die Kinder haben gelernt, dass sie durch das Gezeter am Abend sehr viel Aufmerksamkeit bekommen. Das ist zwar eine negative Aufmerksamkeit, doch sie werden wahrgenommen und ihnen wird Beachtung geschenkt.

Es gibt unterschiedliche Gründe, warum Kinder nicht einschlafen können. Entweder haben sie noch zu viel im Kopf, was sie beschäftigt, vielleicht sind sie nicht müde oder vor Müdigkeit bereits völlig überdreht, möglicherweise ist ihnen auch langweilig oder sie haben schlechte Laune. Bei Familie Meyer treffen wahrscheinlich mehrere dieser Punkte zu. Bei ihnen hat im Laufe der Jahre das Zubettgehen und Einschlafen für Eltern und Kinder eine negative Bedeutung bekommen. Die Atmosphäre ist angespannt und die Kinder können nicht einschlafen.

Was kann ich tun?

Du solltest mit der ganzen Familie über die Situation sprechen. Jeder darf sagen, was ihn stört und was er gerne verändern würde. Überlegt gemeinsam, warum die Abende immer wieder so anstrengend sind. Eines muss natürlich schon von Anfang an klar sein: deine Kinder stehen nicht x-mal am Abend auf, weil sie dich ärgern wollen und dir deinen Feierabend verleiden möchten. Ihnen fehlt etwas, damit sie ruhig und sicher einschlafen können. Manchmal ist es hilfreich, vor dem Zubettgehen über den Tag zu sprechen. Dann kann jeder seine Sorgen loswerden. Schließt den Tag mit etwas Schönem und Beruhigendem ab, damit ein gutes Gefühl zurück bleibt.

Außerdem solltest du darauf achten, wann die Kinder so müde sind, dass sie ins Bett müssen. Vielleicht ist es sinnvoll, dass Lotte vor Paul ins Bett geht, sie ist ja jünger und wahrscheinlich schon früher müde. Dann kann Paul noch eine halbe Stunde fernsehen, während du Lotte ins Bett bringst. Beide könnten auch ein Hörbuch hören, das hilft Kindern oft beim Einschlafen. Dann ist es nicht so still und langweilig. Und irgendwann fallen ihnen dann doch die Augen zu. Das Wichtigste ist dabei immer: Kinder brauchen einen Tagesabschluss, der ihnen Sicherheit und Geborgenheit vermittelt.

Was kann ich sagen?

- „Wir würden gerne mit euch über das Schlafengehen sprechen. Jeden Abend gibt es bei uns Streit und das ist nicht schön. Wir sollten gemeinsam überlegen, wie wir den Abend besser gestalten können."
- „Was gefällt dir nicht, wenn du abends schlafen gehst? Was würdest du gerne anders machen?"
- Zu den Vorschlägen der Kinder sagst du: „Das ist super, ihr habt tolle Ideen. So verläuft der Abend bestimmt besser."

● „Ich habe noch eine Idee: Wollen wir nach dem Abendbrot über unseren Tag sprechen? Jeder erzählt, was heute so passiert ist und was das Schönste an seinem Tag war." Das hilft der Familie den Tag Revue passieren zu lassen und den Abend mit einem schönen Erlebnis abzuschließen. Statt dem negativen Ritual habt ihr dann ein schönes neues Familienritual.

Denk daran, wenn du neue Rituale einführst, dauert das immer eine gewisse Zeit. Ihr müsst euch erst alle daran gewöhnen. Bis die Abläufe zur Routine werden, dauert es ein paar Wochen. Lass dich in der Zwischenzeit nicht entmutigen und bleibe konsequent bei euren neuen Abmachungen. Im Beispiel von Paul und Lotte brauchen die Kinder eine Weile, bis sie verstanden haben, dass sie die Aufmerksamkeit der Eltern nicht mehr aktiv durch Provokationen einfordern müssen. Die Erwachsenen behandeln sie jetzt wertschätzend und liebevoll, nehmen sich Zeit für sie, ohne Geschrei und Streit.

Was für ein Chaos – Erfolgreich Ordnung schaffen

In vielen Familien gibt es häufig Streit wegen Unordnung und Aufräumen. Wir Erwachsenen haben ein gewisses Maß an Ordnung für unseren Haushalt definiert, haben festgelegt, wie es bei uns aussehen sollte, wann es Zeit ist, aufzuräumen und zu putzen. Doch manchmal fällt es sogar uns schwer, die selbst auferlegten Regeln einzuhalten. Und Kinder verstehen erst recht nicht, warum sie aufräumen sollen. Sie legen keinen Wert auf Ordnung und Sauberkeit. Das ist ihnen einfach nicht wichtig. Warum auch? Kinder denken nicht: „Wie sieht es hier schon wieder aus? Was denkt nur meine Schwiegermutter über mich, wenn die Wäsche überall herumliegt? Jetzt habe ich schon eine Woche nicht mehr Staub gewischt."

Solche Fragen interessieren Kinder einfach nicht. Ihnen ist es wichtig, dass sie spielen können und das geht genauso gut in einem unordentlichen Zimmer. Sie wollen Spaß haben, möchten, dass ihre Bedürfnisse befriedigt werden und dazu zählen Sauberkeit und Ordnung nicht.

Auch in diesem Bereich führen die unterschiedlichen Bedürfnisse von Eltern und Kindern häufig zu Konflikten, die nicht immer einfach zu lösen sind. Auf beiden Seiten fehlt das Verständnis für den anderen.

Designercouchtisch trifft Bauklötze

Britta und Mario sind zum ersten Mal Eltern geworden. Sie wohnen in einer sehr stilvollen Wohnung, die sie selbst renoviert haben, und fühlen sich darin pudelwohl. Als ihr Sohn Jonas zu krabbeln und zu laufen beginnt, wird es plötzlich sehr anstrengend. Er greift nach allem, was er erwischen kann. Er zieht sich am Designercouchtisch hoch, wirft Bauklötze auf die Glasvitrine, untersucht die Steckdosen, öffnet Schubladen und räumt Schränke aus. Britta sagt den ganzen Tag: „Nein, das darfst du nicht. Jonas hör auf damit." Sie nimmt Jonas von den Objekten seiner Begierde weg, doch er lässt sich nicht aufhalten und macht sich gleich wieder auf den Weg. Am Ende des Tages ist Britta extrem angespannt, fühlt sich unwohl und mag ihre ewigen Belehrungen selbst nicht mehr hören.

Was passiert gerade?

Britta und Mario haben sich eine Umgebung geschaffen, in der sie sich wohlfühlen. Es ist die perfekte Umgebung für Erwachsene, sie ist nur leider nicht kindgerecht. Ein Kind braucht ein anderes Umfeld. Es muss sich und seine Umgebung entdecken und erkunden können, ohne dass es sich dabei verletzt. Jonas ist neugierig und möchte seine kleine Welt erforschen, deshalb schaut er sich alles an, untersucht es und kaut manchmal sogar darauf herum. Das sind im Moment die wenigen Möglichkeiten, die er hat, um Erfahrungen zu sammeln. Britta und Mario haben das Bedürfnis, sich in ihrer Wohnung wohl zu fühlen und achten darauf, dass Jonas sich nicht verletzt und dass nichts beschädigt wird (siehe Kapitel *Werde zum Bedürfnisdetektiv*). Dies führt natürlich zu Stress. Auch kleine Kinder müssen lernen, dass es Regeln gibt, doch wenn sie anfangen, die Welt zu entdecken macht es das Leben wesentlich einfacher, wenn man ihnen einen Raum gibt, den sie erkunden können.

Was kann ich tun?

Du kannst für Jonas eine Umgebung schaffen, die er möglichst gefahrlos erkunden kann. Schau, dass er sich im Wohnzimmer frei bewegen kann, sichere die Steckdosen mit einem Schutzdeckel, ebenso spitze Tischkanten und Treppen. Packe wertvolle Gläser oder Kunstobjekte für eine gewisse Zeit weit oben in den Schrank. Zeige ihm eine Schranktür, die er untersuchen darf. Ich habe unserem Sohn in der Küche eine große Schublade mit Plastikschüsseln gezeigt, diese durfte er ein- und ausräumen, und das hat er geliebt. Die anderen Schubladen waren tabu, so etwas lernen Kinder schnell. Schränke mit gefährlichen Utensilien wie z. B. Putzmitteln solltest du ohnehin abschließen. Richte deinem Kind eine Spielecke im Wohnzimmer ein, dann hat es auch hier einen eigenen Bereich, obwohl Alltagsgegenstände meist interessanter sind.

Hier ist es wichtig, dass du Kompromisse eingehst. Du solltest dich in deinem Umfeld noch wohlfühlen, dein Kind aber genauso seinem Entdeckerdrang nachgehen können. Ansonsten musst du es den ganzen Tag maßregeln, du musst ständig Nein sagen oder sogar schimpfen. Es wird viel entspannter für dich, wenn das wegfällt. Man spricht hier von „Ja-Umgebung". Für mich heißt das nicht, dass du zu allem, was dein Kind tut, Ja sagen sollst. Du kannst aber eine Umgebung schaffen, in der du deutlich weniger schimpfen und Nein sagen musst.

Was kann ich sagen?

- „Schau Jonas, diese Schublade gehört dir, hier kannst du spielen. Sieh mal, was da für tolle Sachen drin sind."
- „Komm wir schauen gemeinsam in die anderen Schubladen. Das sind Mamas und Papas Schubladen, hier ist deine Schublade."
- „Jonas, ich möchte nicht, dass mit Bausteinen geworfen wird." Sollte dein Kind nicht darauf hören, würde ich ihm sagen, dass die Bausteine weg kommen, wenn sie noch einmal durch die Gegend geworfen werden.
- „Jonas, ich habe gerade gesagt, dass ich nicht möchte, dass du mit Bausteinen wirfst. Wenn das wieder vorkommt, packe ich sie weg."

Chaos im Kinderzimmer

Jule (5) ist ein sehr kreatives Kind. Sie bastelt gerne und baut in ihrem Zimmer ganze Spielwelten für ihre Puppen auf. Sie räumt jedoch nicht gerne auf. Und wenn ihre Mutter das Zimmer aufräumt, sieht es spätestens am Abend schon wieder völlig chaotisch aus. Bücher liegen herum, die Puppen sind überall drapiert und auf dem Boden liegen Kleider und andere Spielsachen. Es gibt kaum noch Platz, um sich in dem Zimmer zu bewegen. Nun ist Jule auf einen Kindergeburtstag eingeladen und möchte das lila Kleid mit den kleinen Blümchen anziehen. Das Kleid ist aber leider unauffindbar. Vor zwei Tagen hat sie es noch getragen, aber jetzt hängt es nicht im Schrank. Jule weint, da sie ohne das Kleid nicht auf den Geburtstag will.

Was passiert gerade?

Jule sieht keine Notwendigkeit ihr Zimmer aufzuräumen. Sie ist zwar im Moment traurig, dass ihr Kleid nicht auffindbar ist, doch sie erkennt keinen Zusammenhang zwischen dem verschwundenen Kleid und der Unordnung in ihrem Zimmer. Kinder im Alter von 5 Jahren können sich noch nicht für Ordnung begeistern, doch sie können es lernen. Dass Jules Mutter immer das Zimmer ihrer Tochter aufräumt, ist der falsche Ansatz. Sie meint es wahrscheinlich gut und hält es vielleicht nicht aus, dass das Zimmer so unordentlich ist. Doch Jule wird so nie ein Gefühl für Ordnung bekommen. Wenn Kinder lernen sollen, Ordnung zu halten, sollte man gemeinsam das Zimmer aufräumen und zusammen eine Struktur schaffen, die passt. Jule muss eigene Erfahrungen machen, dazu gehört dann auch, dass sie gewisse Sachen in ihrem Chaos nicht mehr wiederfindet. Ist das aber gerade dann der Fall, wenn das Mädchen auf den Kindergeburtstag will, ist es nicht der richtige Zeitpunkt so etwas zu besprechen. Jetzt muss eine Lösung her.

Was kann ich tun?

Du könntest Jule sagen, dass ihr das Kleid jetzt nicht suchen könnt und sie sich ein anderes aussuchen soll. Ansonsten kommt sie zu spät zum Geburtstag, und die anderen Kinder sind schon ohne sie unterwegs ins Kino. Mit 5 Jahren ist Jule alt genug, um zu verstehen, dass es nur diese beiden Optionen gibt. Sprich ruhig und mache ihr keine Vorwürfe. Sie ist sowieso schon traurig.

Wenn du nach dem Geburtstag noch einmal das verschwundene Kleid ansprichst, ist das eine gute Gelegenheit das Thema Ordnung aufzugreifen. Sprich mit Jule darüber, dass du mit ihr gemeinsam ein Ordnungssystem für das Kinderzimmer finden willst. Bücher kommen in ein Regal, Strümpfe in die Schublade, Puppen in den Schrank, für Legos, Puzzles usw. gibt es verschiedene Kisten. Sie darf bestimmen, was an welchen Platz kommt. Schlag ihr vor, dass ihr abends nach dem Spielen gemeinsam aufräumen könntet. Wichtig ist, dass Jule immer mithilft und ihr Ordnungssystem kennt. Irgendwann fällt es ihr leichter aufzuräumen. Es wird vielleicht nicht so perfekt sein, wie du es dir vorstellst. Doch das muss es auch nicht. Ein klein wenig Chaos darf ruhig sein und darin finden sich Kinder erstaunlich gut zurecht.

Was kann ich sagen?

- „Jule, wir können dein Kleid leider nicht finden. Ich verstehe, dass du traurig darüber bist. Es ist dein Lieblingskleid und du kannst es jetzt nicht anziehen."

- „Beim nächsten Mal hängen wir es gleich in den Schrank, dann finden wir es auch wieder."

- „Jetzt überlegen wir, was du stattdessen anziehen könntest. Es gibt nur zwei Möglichkeiten. Entweder zu ziehst etwas anderes an und wir schaffen es noch rechtzeitig auf den Geburtstag oder du suchst weiter nach deinem Kleid. Die Kinder fahren allerdings gleich los und dann verpasst du das Kino."

- „Leider haben wir nur diese Möglichkeiten. Was möchtest du tun?"

- „Wollen wir mal gemeinsam überlegen, wie wir dein Zimmer aufräumen können? Wir möchten beide, dass du deine Sachen findest und nicht mehr traurig bist, weil dein Kleid nicht im Schrank hängt."

- „Was schlägst du vor?"

- „Wir werden in Zukunft abends gemeinsam aufräumen. Ich helfe dir gerne, brauche aber auch deine Unterstützung. Es ist dein Zimmer und du kennst dich am besten darin aus."

Mama macht's ja!

Charlotte (8) kommt nachmittags aus der Schule nach Hause, zieht Jacke und Schuhe aus und lässt sie im Flur liegen. Der Ranzen wird im Wohnzimmer deponiert und Schal und Handschule fliegen in die Ecke. In der gesamten Wohnung liegen Kleidungsstücke und Schulsachen von Charlotte verstreut. Ihre Mutter bittet sie wie schon so oft, diese wegzuräumen. Wenn Charlotte das aber nicht tut, räumt die Mutter sie weg. Doch es wird immer schlimmer. In Charlottes Zimmer türmen sich inzwischen ebenfalls die Kleider. Morgens wird etwas aus dem Schrank gezogen. Wenn ihr das Kleidungsstück dann aber nicht gefällt, bleibt es am Boden liegen. Dies führt zu heftigen Diskussionen in der Familie, Charlotte ist jedoch wenig einsichtig.

Was passiert gerade?

Charlotte ist 8 Jahre und kann durchaus schon für gewisse Dinge Verantwortung übernehmen. In der Schule kann sie die Jacke auch nicht einfach auf den Boden werfen und den Ranzen auf dem Schulhof stehen lassen. Dort hält sie sich an Regeln. Zuhause hingegen wurde versäumt, Regeln für das Zusammenleben in der Familie aufzustellen. Das sollte schon sehr früh passieren und nicht erst, wenn das Kind 8 Jahre alt ist. Außerdem verhält sich die Mutter recht inkonsequent. Sie fordert Charlotte auf, ihre Sachen aufzuräumen. Wenn diese das aber nicht tut, macht es die Mutter für sie. Also spürt Charlotte keine Folgen ihres Handelns. Sie kann alles stehen und liegen lassen, und Mama räumt es weg. Ist doch wirklich bequem. Warum sollte Charlotte also etwas an ihrem Verhalten ändern? Die Eltern ärgern sich über das Verhalten ihrer Tochter, diskutieren aber lediglich mit ihr. Charlotte wird hier wenig einsichtig sein, da sie keine Konsequenzen zu spüren bekommt. Beim nächsten Mal schimpft ihre Mutter wieder und räumt dann doch die Sachen weg. Wie praktisch!

Was kann ich tun?

In diesem Fall solltet ihr in der Familie darüber sprechen, welche Regeln bezüglich Ordnung und Sauberkeit es in der Familie gibt. Charlotte ist schon 8 und wenn du jetzt nichts unternimmst, wächst dir die Sache in der Pubertät über den Kopf. Denn dann wird es richtig chaotisch. Im besten Fall solltest du schon sehr früh zu Hause Regeln vorleben und dein Kind wird sie übernehmen. Wenn du in die Wohnung kommst, ziehst du die Schuhe aus. Diese werden an einen bestimmten Platz gestellt. Die Jacke hängst du an die Garderobe, für dein Kind gibt es eine kleine Garderobe, damit es die Jacke selbst aufhängen kann. In deinem Flur sollte es eine Schublade für Mützen und Schals geben, und der Ranzen braucht ebenfalls einen festen Platz. Wenn du im Vorfeld diese Strukturen schaffst, kann dein Kind sie übernehmen. In Charlottes Alter ist das nicht mehr ganz so einfach. Sie hat über Jahre gelernt, dass sie sich an keine Regeln halten muss, ihre Mama räumt ja hinter ihr her. Hier musst du ein Gespräch mit ihr führen, ihr klar machen, wie es dir dabei geht, und falls dies nicht fruchtet, Konsequenzen benennen, die zum Thema Ordnung passen.

Was kann ich sagen?

- „Charlotte, jeden Nachmittag liegen im Flur deine Jacke und deine Schuhe, dein Ranzen liegt im Wohnzimmer."
- „Darüber ärgere ich mich sehr. Ich arbeite auch und räume dann immer noch deine Sachen weg. Ich komme mir vor wie dein Dienstbote."
- „Ich bitte dich, dass du deine Jacke an die Garderobe hängst, die Schuhe in den Schrank stellst und den Ranzen in dein Zimmer bringst."
- „Was hältst du davon?" Charlotte wird wahrscheinlich einwilligen, wird dies aber nicht sofort tun. Sie wird abwarten was passiert und deshalb solltest du sofort handeln, wenn sie nicht reagiert.
- „Charlotte, wir haben gestern besprochen, dass du deine Sachen wegräumst. Jetzt liegen sie wieder im Flur. Woran liegt das?"
- „Wir sind eine Familie und da sollte sich jeder einbringen. Ich bin enttäuscht, dass du dich nicht an unsere Absprachen hältst. Wie willst du sicherstellen, dass du dich in Zukunft an die Regeln hältst?" Hier soll Charlotte Verantwortung übernehmen. Falls dies immer noch nicht funktioniert müssten Konsequenzen folgen.
- „Ich werde das nicht mehr dulden. Künftig nehme ich alles, was in unserem Flur liegt und bringe es in dein Zimmer. Dort kann es dann liegen bleiben. Wenn du morgens deine Sache nicht mehr findest, ist das dein Problem." Wenn du so etwas ankündigst,

musst du es auch konsequent durchhalten. Kinder können einen solchen Zustand sehr lange aushalten, dann liegen die Sachen eben im Zimmer herum. Für Charlotte wird es erst problematisch, wenn sie morgens nichts zum Anziehen hat oder ihre Schulsachen nicht findet. Es wird dir zwar sehr schwerfallen zu sehen, wie chaotisch das Zimmer deiner Tochter aussieht, doch lass die Sachen liegen. Dein Kind muss seine Erfahrung selbst machen.

Schalt jetzt dieses Ding aus – Medien kindgerecht nutzen

Eigentlich könnten wir uns täglich die Augen reiben, wie schnell die technische Entwicklung heutzutage vorangeht. War vor einigen Jahrzehnten die Weiterentwicklung des Fernsehens von schwarz-weiß auf farbig schon ein Riesenschritt, folgten danach die bahnbrechenden Neuerungen in immer kürzeren Abständen. Heimcomputer, Walkman, Handy, CD- und DVD-Spieler, E-Mail, Internet, Digitalkamera. Und mit den Smartphones samt dazugehörigen Apps kann man heute quasi alles machen. Die Kommunikation wurde damit neu erfunden.

Fast alle Bereiche unseres Lebens werden inzwischen digitalisiert, online und smart. Diesem Trend kann man sich nicht entziehen, sollte sich ihm aber genauso wenig verschließen. Es stellt sich nur die Frage: Was macht der Medienkonsum mit uns? Werden wir entspannter, gelassener, ruhiger? Oder spüren wir, dass uns das alles immer mehr in Lauerstellung bringt. Könnten wir etwas verpassen? Haben wir alle Informationskanäle abgeklappert?

Unsere Kinder wachsen wie selbstverständlich mit diesem Treiben auf. Sie hinterfragen diese Technik gar nicht. Haben wir früher über die ersten Digitalkameras gestaunt, ist es für die Kleinen selbstverständlich mit dem Handy alles und jeden festzuhalten. Doch was macht das mit den Kindern? Sollen wir uns erziehungsmäßig einklinken, oder geht der Umgang mit Medien von selbst und ohne Erziehungsregeln seinen Gang?

Immer vor der Glotze

Mia (4) wurde in ihren ersten beiden Lebensjahren vormittags von ihrer Großmutter betreut. Ihre Mutter war alleinerziehend und fing morgens um 6:30 Uhr an zu arbeiten. In dieser Zeit durfte Mia häufig fernsehen. Die Flimmerkiste war ein guter Babysitter, wenn die Großmutter mal eine kleine Pause brauchte, und Mia saß völlig fasziniert vor den bewegten, bunten Bildern. Mittlerweile ist die Mutter verheiratet und in Elternzeit, da Mia einen kleinen Bruder bekommen hat. Mia geht in den Kindergarten. Wenn ihre Mutter danach gerne etwas mit ihr unternehmen möchte, will Mia jedoch lieber fernsehen. Sie kommt nach Hause und schaltet den Fernseher ein. Und das Geschrei ist groß, wenn ihre Mutter dies verbietet und das Gerät wieder abschaltet. Mias „Fernsehkonsum" ist inzwischen ein großes Thema in der Familie. Ihre Mutter beginnt sich Sorgen zu machen.

Was passiert gerade?

Mia hat schon sehr früh fern geschaut und wurde von den bewegten Bildern auf dem Bildschirm gefesselt. Kinder werden von solchen Reizen geradezu überflutet, haben jedoch noch nicht die geistige Reife sie zu verarbeiten. Laut einer Empfehlung von Kinderärzten sollten Kinder vor dem 3. Lebensjahr überhaupt nicht fernsehen und danach höchstens 30 Minuten täglich. Diese Zeit wurde bei Mia deutlich überschritten und ihr Verhalten zeigt schon ein gewisses Suchtpotenzial. Kinder brauchen in den ersten Lebensjahren die Möglichkeit, ihr Umfeld in direktem Kontakt zu begreifen und zu erfahren. Sie müssen es im Spiel und in der Bewegung erleben. Durch körperliche Betätigung entwickeln sich die Synapsen, die Verbindungen der Nervenzellen im Gehirn, die für die geistige Entwicklung enorm wichtig sind. Dabei sind feinmotorische Tätigkeiten wie Kneten, Basteln, Puzzeln, Ausschneiden genau so wichtig wie Springen, Balancieren, Klettern und Purzelbäume Schlagen. Wenn Kinder diese Dinge nur auf dem Bildschirm sehen und nicht selbst tun, behindert das die motorische und geistige Entwicklung. So verspürt Mia gar nicht den Drang, sich körperlich zu bewegen, der muss erst wieder geweckt werden.

Was kann ich tun?

Mach dir bitte keine Vorwürfe wegen Dingen, die in der Vergangenheit passiert sind. Ein schlechtes Gewissen hilft dir nicht weiter. Die Situation ist so, wie sie ist, und du musst sie nun verändern. Mia ist erst 4 und kann sich neu orientieren. Doch wenn du jetzt nicht eingreifst, verfestigt sich das Ritual noch stärker.

Der erste Schritt wirkt vielleicht etwas radikal, doch du musst durch strikte Regeln den negativen Kreislauf von zu viel Fernsehen und mangelnder Bewegung durchbrechen. Die Rollen von Mutter und Kind dürfen hier nicht vertauscht werden. Du bist die Erwachsene und du legst in Zukunft die Fernsehzeiten fest. Und Mia muss sich daran halten. Sie kann mit 4 Jahren nicht bestimmen, wann und wie lange sie fernsieht.

Sag ihr, dass jetzt nur noch eine bestimmte Zeit am Tag – 30 Minuten oder kürzer – ferngesehen wird. Da sie Zeitangaben noch nicht versteht, musst du sie ihr kindgerecht erklären: Sie kann zwei Folgen ihrer Lieblingsserie schauen oder du stellst eine Eier- oder Sanduhr. Mia wird deine Ansage aber nicht so leicht akzeptieren. Sie hat das Bedürfnis fernzuschauen, das entspannt sie vielleicht, macht ihr Freude, ist angenehm. Daher wird sie sich ärgern, laut werden, weinen. Das ist aber in Ordnung, sie muss ihren Frust schließlich loswerden. Hilf ihr die Frustration abzufedern, indem du geduldig bist, zuhörst und Verständnis zeigst, doch bleibe bei der aufgestellten Regel. Da sie den Fernseher alleine anmacht, musst du vielleicht den Stecker ziehen oder eine Zeitschaltuhr zwischenschalten. Kleine

Tricks sind hier erlaubt. Biete Mia Alternativen zum Bildschirm an. Geh mit ihr raus, spielt gemeinsam ein Spiel, bastelt etwas. Nach ein paar Tagen wird Mia merken, dass das echte Leben richtig viel Spaß macht, und sie entwöhnt sich langsam von der Glotze. Und du musst natürlich Vorbild sein. Wenn Mia kein Fernsehen schaut, schaust du auch nicht.

Was kann ich sagen?

- „Mia, du schaust jeden Tag nach der Kita fern. Ich möchte das nicht mehr. In Zukunft darfst du abends zwei Folgen deiner Lieblingsserie schauen. Ansonsten bleibt der Fernsehen aus."
- „Ich verstehe, dass dich das ärgert und du sehr wütend bist. Ich möchte es trotzdem nicht." Halte den Ärger deines Kindes aus, dies kann sehr anstrengend sein und an deinen Nerven zerren. Sei für dein Kind da, begleite es liebevoll und bleibe konsequent.
- „Nein, der Fernseher bleibt aus. Wir können gerne zusammen spielen."
- „Ich möchte heute Mittag mit dir in den Zoo gehen. Was hältst du davon?"

Generation Tablet

Valentin (5) ist fasziniert von dem Tablet seines Vaters. Manchmal darf er darauf ein paar Bilder oder ein kurzes Video schauen. Mittlerweile kennt er das Passwort des Tablets und kann es selbständig öffnen. Wenn sein Vater nicht darauf achtet, stibitzt er es, verkriecht sich in eine Ecke und schaut Videos. Er starrt dann ganz vertieft auf den Bildschirm, hört nicht mehr, was um ihn herum passiert und vergisst die Zeit. Sein Vater ist erschrocken über das Verhalten seines Sohnes, er hat Angst, dass Valentin süchtig nach dem Tablet wird und verbietet ihm, es zu benutzen.

Was passiert gerade?

Valentin gehört zur der Generation „Digital Native". Er wird in eine digitale Welt hineingeboren und in ihr groß. Computer, Tablets, Spielkonsolen, Smartphones, Apps gehören selbstverständlich zu seinem Leben. Er geht ganz anders damit um als seine Eltern. Kinder, selbst schon sehr kleine, erfassen blitzschnell, wie man digitale Geräte bedient. Sie brauchen keine große Erklärung. Durch Neugier und Ausprobieren machen sie ihre Erfahrungen und setzen diese sofort um. Unsere Kinder haben einfach eine Affinität zu neuen Medien, weil sie damit aufwachsen. Daher ist es nicht verwunderlich, dass Valentin das Tablet seines Vaters schon eigenständig bedienen kann. Es stellt sich die Frage, ob er es als 5-Jähriger allein benutzen darf.

Die Sorge von Valentins Vater, dass das Tablet zu sehr die Aufmerksamkeit seines Sohnes fesselt, so dass er keine äußeren Reize mehr wahrnimmt, ist nachvollziehbar. Doch er muss sich noch keine Gedanken über ein Suchtverhalten machen. Es ist normal, dass Valentin von den Bilder und Videos fasziniert ist und nicht hört, wenn man ihn ruft. Wenn Kinder etwas tun, tun sie dies immer mit voller Aufmerksamkeit, ob nun spielen, malen oder Filme schauen. Sie verlieren sich darin und nehmen ihre Umwelt nicht mehr war. Es ist gut, dass Valentins Vater dies bemerkt und jetzt gegensteuern kann.

Was kann ich tun?

Du solltest dir darüber klar werden, ob du möchtest, dass dein Kind dein Tablet, deinen Computer oder dein Smartphone eigenständig benutzt. Gibt es ein Familientablet, das alle gemeinsam nutzen? Welche Regeln gibt es dafür? Wenn es für dich in Ordnung ist, dass dein Kind das Tablet nutzt, solltest du ihm sagen, wie lange es am Gerät sitzen darf. Du kannst darauf für jeden Nutzer festgelegte Nutzungszeiten einstellen. Ist die Zeit um, schaltet sich das Tablet automatisch ab. Somit ersparst du dir lästige Diskussionen. Wenn dein Kind das Tablet verwenden darf, solltest du darauf achten, dass es nur Zugriff auf altersgerechte Apps, Spiele oder Internetseiten hat. Auch hier kannst du Einstellungen vornehmen oder ihm einen eigenen Account einrichten.

Falls es für dich nicht in Ordnung ist, dass dein Kind digitale Medien benutzt, solltest du das mit deinem Kind besprechen und ihm erklären, warum du das nicht möchtest.

Die Angst, dass dein Kind mediensüchtig wird, ist verständlich, doch du kannst das sehr gut steuern. Du solltest dein Kind nicht unbeaufsichtigt ohne Zeiteinschränkung mit dem Gerät alleine lassen. Sprich mit ihm über Dinge, die es anschaut oder spielt. Schaffe eine Umgebung des Vertrauens, sprich mit ihm über mögliche Gefahren, natürlich altersgerecht. Es bringt nichts, deinem Kind den Zugang gänzlich zu verbieten. Das macht es nur interessanter.

Was kann ich sagen?

- „Valentin, du nimmst dir heimlich mein Tablet. Das möchte ich nicht. Das Tablet hat viel Geld gekostet und darauf sind Unterlagen, die wichtig für mich sind. Wenn du es haben möchtest, musst du mich fragen. Dir würde es auch nicht gefallen, wenn ich mir einfach deine Spielsachen nehme."

- „Valentin, das Tablet gehört der ganzen Familie und jeder darf es nutzen. Ich finde es nicht gut, wenn du es nur für dich alleine haben möchtest. Jedes Familienmitglied darf es eine gewisse Zeit nutzen. Danach schaltet sich das Tablet ab. Dann ist die Tabletzeit für heute vorbei."

- „Ich habe dir extra ein Spiel auf das Handy gemacht, das darfst du spielen. Wir suchen zusammen aus, welche Filme du anschauen kannst."

Alle haben ein Handy, nur ich nicht!

Lasse (7) besucht die 2. Klasse und wünscht sich zu Weihnachten ein Handy, natürlich mit Internetzugang. Als er es nicht bekommt, ist er enttäuscht und meckert: „Alle in der Klasse haben ein Handy. Ich bin der Einzige der keins hat. Das ist unfair. Ihr seid schuld, wenn ich keine Freunde habe." Seine Eltern sind grundsätzlich dagegen, dass er so früh ein Handy oder gar ein Smartphone bekommt, doch der Druck von außen ist groß. Sie sprechen mit anderen Eltern und stellen fest, dass tatsächlich schon einige Kinder in der 2. Klasse ein eigenes Handy haben. Was sollen sie machen?

Was passiert gerade?

An dieser Frage scheiden sich die Geister. Eltern müssen selbst entscheiden, wann sie ihren Kindern ein Handy oder Smartphone erlauben. Wir haben unserem Sohn erst ein Handy gekauft als er auf die weiterführende Schule ging. Er war aber eines der wenigen Kinder, das in der Grundschule noch kein Mobiltelefon hatte. Hier stellt sich die Frage, ob auch Lasse und vor allem seine Eltern dies aushalten können. Der äußere Druck ist groß und der Junge wird immer wieder betteln. Wenn jeder ein Handy hat, will man dazu gehören und fühlt sich ausgegrenzt, wenn in der Whatsapp-Gruppe Dinge besprochen werden, die man nicht mitbekommt.

Doch brauchen Kinder in der 2. Klasse schon ein Handy? Haben sie schon die Reife, damit umzugehen? Schnell entwickeln sich Gruppenchats zu Mobbingchats. Die Kinder können die Gefahren des Netzes nicht wirklich abschätzen und geben Dinge über sich preis, die sie später bereuen. Außerdem verbringen sie viel Zeit am Handy. Laut einer Studie surfen Kinder im Alter zwischen 9 und 17 Jahren täglich durchschnittlich 2,4 Stunden im Internet (Quelle: Hans-Bredow-Institut/Unicef 2019). Das ist schon eine Menge Zeit und wenn das völlig unkontrolliert geschieht, ist es fatal für die Entwicklung unserer Kinder. Im Netz können sie leicht auf

Informationen stoßen, die sie nicht einordnen können und die ihnen Angst machen.

Alle diese Argumente müssen Eltern abwägen und für sich festlegen, was sie möchten und wie sie die Gefahren so klein wie möglich halten. Kinder müssen beim Gebrauch von Medien in jedem Fall Unterstützung haben. Es ist wichtig, ihnen einen vernünftigen Umgang vorzuleben, und sich selbst auch an gewisse Regeln zu halten.

Was kann ich tun?

Überlege gut, was dir wichtig ist und was du möchtest. Lass dich nicht von äußeren Umständen zu etwas bewegen, was du nicht für richtig hältst. Hier könnten dich deine Glaubenssätze manipulieren, du könntest denken: „Die meisten anderen Eltern machen es auch so. Was denken die von mir, wenn ich da nicht mitmache?" (siehe Kapitel *Weg damit – das Vier-Schritte-Programm*).

Wenn du es für richtig hältst, dass dein Sohn mit 7 Jahren ein Handy bekommt, dann solltest du ihn gut aufklären und Regeln für den Gebrauch festlegen:

- Wie lange darf das Kind das Handy täglich nutzen? Das lässt sich leicht über die Bildschirmzeit kontrollieren.
- Wo darf es benutzt werden? Allein in seinem Zimmer oder im Wohnbereich, wenn noch ein Erwachsener dabei ist? Und wie ist es außerhalb der Wohnung? Darf er es auf die Straße oder den Spielplatz mitnehmen? In den Schulen ist die Handynutzung während der Unterrichtszeit meistens sowieso verboten.
- Wo sind die Handys aller Familienmitglieder während gemeinsamer Mahlzeiten? Wenn es hier Regeln gibt, solltest du dich auch daran halten.
- Was darf das Kind sich ansehen?

Erkläre deinem Kind die Gefahren wie Mobbing im Netz, Missbrauch von Bildern, Kontaktaufnahme durch Fremde. Stelle außerdem klar, dass ihr abends gemeinsam in sein Handy schaut. So siehst du, was vor sich geht und kannst schnell eingreifen, wenn etwas aus dem Ruder läuft. Erkläre deinem Kind, dass dies nichts mit fehlendem Vertrauen zu tun hat. Dein Kind hat noch nicht die Reife, Gefahren richtig einzuschätzen. Werden Konflikte per Whatsapp oder andere Chatgruppen ausgetragen oder Diskussionen in der Gruppe geführt, werden schnell Dinge geschrieben, die für dein Kind verletzend und beleidigend sind. Dann fühlt es sich schlecht, es kann sein, dass es sich zurückzieht und sein Selbstbewusstsein schwindet. Daher ist es völlig in Ordnung, wenn du einen Einblick in die Handyaktivitäten deines Kindes hast und sie kontrollierst. Du kannst die Regeln verändern, wenn dein Kind älter ist und sich mehr Privatsphäre wünscht.

Wenn du der Meinung bist, dass dein Kind mit 7 Jahren noch kein Handy braucht, solltest du es ihm verständlich erklären. Es wird sich nicht darüber freuen, doch es muss deine Entscheidung akzeptieren. Du solltest sein Selbstbewusstsein zudem so stärken, dass dein Kind es aushält, wenn es in der Klasse eines der Wenigen ohne Handy ist.

Was kann ich sagen?

- „Lasse, du bekommst ein Handy. Wir legen gemeinsam Regeln für die Benutzung fest und an die musst du dich halten." Dein Sohn wird begeistert zustimmen, da sein Wunsch ja erfüllt wird. Wenn er das Handy dann hat, wird er wahrscheinlich versuchen, die Regeln „aufzuweichen". Hier solltest du konsequent bleiben.
- „Im Internet lauern viele Gefahren. Darüber möchte ich mit dir sprechen."
- „Lasse, wir haben lange darüber nachgedacht, ob wir deinen Wunsch nach einem Handy erfüllen. Wir können verstehen, dass du gerne ein Handy hättest, weil viele Kinder in deiner Klasse eines haben. Wir möchten aber nicht, dass du in der 2. Klasse schon ein Handy hast."

- „Wir können verstehen, dass du dich ärgerst. Du bist jetzt sauer auf uns. Das darfst du sein. Wir haben Gründe, warum wir nicht möchten, dass du jetzt schon ein Handy hast. Magst du sie hören?"
- „Du bist ein toller Junge, spielst so gerne mit deinen Freunden und die werden weiterhin deine Freunde bleiben, auch wenn du kein Handy hast. Du musst nicht alles haben, was andere haben. Du hast doch auch Spielsachen, die deine Freunde nicht haben."

Was sich liebt, das neckt sich – Geschwisterstreit effektiv schlichten

Geschwisterliebe ist so schön und kann trotzdem sehr anstrengend sein. Denn wie stellte schon Kurt Tucholsky fest: „Indianer sind entweder auf dem Kriegspfad oder rauchen die Friedenspfeife. Geschwister können beides."

Die meisten Geschwister sind eigentlich froh, dass sie sich haben. Sie lieben sich über alles und spielen oft schön zusammen. Doch plötzlich denkt einer, dass er zu kurz kommt und schon entflammt ein Streit. Dafür gibt es viele Gründe – Neid, Eiversucht, fehlende Anerkennung, Angst oder einfach nur bleierne Müdigkeit, was man aber natürlich nicht zugeben möchte. Manchmal gerät man als Eltern zwischen die Fronten, denn die Kinder erwarten, dass wir Partei ergreifen.

Du bist doof, mit dir kann man nicht spielen!

Franz (6) und Mette (3) spielen zusammen im Kinderzimmer mit dem Kaufladen, während die Mutter im Wohnzimmer bügelt und von fern den beiden zuhört. Mette ist die Verkäuferin, Franz kauft ein. Sie haben jede Menge Spaß und kommen gut miteinander klar. Als Franz bezahlen möchte, gibt ihm Mette falsch heraus, weil sie die Geldstücke noch nicht kennt. Dann will Franz einen Blumenkohl kaufen. Mette sagt, dass sie keinen Blumenkohl hat, und Franz meint: „Mette, du bist doof, da liegt er doch, und das Geld kennst du auch nicht. Mit dir kann man nicht richtig spielen, du bist halt noch ein Baby." Darauf fängt Mette an zu weinen und ruft nach ihrer Mama. Franz wird wütend und schmeißt seine Einkäufe auf den Boden.

Was passiert gerade?

Die Kinder fangen an zu streiten, weil sie einen unterschiedlichen Entwicklungsstand und nicht die gleichen Vorstellungen davon haben, wie das Spiel laufen soll. Natürlich kann Mette noch nicht so spielen wie Franz. Sie kennt den Wert der Münzen nicht, weiß noch nicht, was ein Blumenkohl ist und findet ihn daher nicht im Regal. Aber sie ist ja 3 Jahre jünger als ihr Bruder und wird es mit der Zeit lernen. Franz ist sauer, weil Mette seiner Meinung nach keine Ahnung hat und zu dumm ist, um mit ihm zu spielen. Und Mette ist verletzt, weil Franz zu ihr sagt, sie sei ein Baby, mit dem man nicht spielen kann.

Was kann ich tun?

Du solltest auf keinen Fall sofort eingreifen. Lass die Kinder erst einmal versuchen, den Konflikt selbst zu lösen. Wenn du dich zu früh einschaltest, nimmst du ihnen die Chance, Wichtiges zu lernen. Oder du willst sofort schlichten, ergreifst Partei und stellst dich vor deine Tochter, was nicht gut wäre. Vom Wohnzimmer aus hast du die Situation im Blick und kannst reagieren, wenn der Streit zu eskalieren droht. Kinder können Konflikte erstaunlich gut selbst lösen. Sie nehmen sie viel leichter als Erwachsene. Manchmal gehen sie sich danach einfach kurz aus dem Weg, jeder spielt in einer anderen Ecke und dann ist plötzlich alles wieder gut. Oder einer lenkt ein, sie sagen beide Entschuldigung und dann spielen sie fröhlich weiter. Meist ist das Kriegsbeil schnell wieder begraben, und die Friedenspfeife wird ausgepackt.

Sollten die Kinder doch weiter streiten, kannst du eingreifen und mit beiden sprechen, am besten nacheinander. Hör dir beide Seiten an und versuche, mit ihnen zusammen Lösungsmöglichkeiten für den Konflikt zu finden. Es ist sinnvoll mit Mette zu beginnen, da sie die Kleinere ist und nicht so lange warten kann.

Was kann ich sagen?

- „Mette und Franz, ich höre, dass ihr streitet, das finde ich schade. Was war denn los? Erzähl doch mal."
- „Mette, warum weinst du? Franz hat das sicherlich nicht so gemeint. Er kennt sich einfach schon besser aus, er ist ja auch schon älter als du und kommt bald in die Schule. Du bist eine tolle Verkäuferin und spielst schon sehr schön im Kaufladen. Franz kann dir ja beim nächsten Mal zeigen wie der Blumenkohl aussieht und welche Geldstücke du zurück geben sollst."
- „Franz, was ärgert dich denn?" Wenn Franz geantwortet hat: „Das kann ich verstehen. Du bist schon 3 Jahre älter als deine Schwester und kennst dich schon gut mit Geld aus. Das finde ich richtig klasse. Du bist schon ein kleiner Geschäftsmann, und Mette kann viel von dir lernen. Wie könntest du ihr denn helfen, damit sie sich besser auskennt? Beim nächsten Mal kannst du ihr doch zeigen, was Blumenkohl ist. Du bist ein schlauer großer Bruder."
- „Wollt ihr beiden jetzt weiter zusammen spielen? Ich fände es schön, wenn ihr auch mal die Rollen tauscht und Franz der Verkäufer ist. Franz, dann kannst du Mette alles erklären und Mette kann die Waren kennen lernen."

Können wir das Baby wieder umtauschen?

Frieda (4) bekommt eine kleine Schwester. Sie freut sich riesig auf sie, redet immer mit ihr in Mamas Bauch und kann es kaum erwarten, bis sie endlich geboren wird. Als Leni zur Welt kommt, ist sie total glücklich. Doch nach ein paar Wochen findet Frieda ihre kleine Schwester plötzlich nicht mehr so toll. Sie beginnt, sie zu ärgern, zwickt sie manchmal, schreit ganz laut, wenn Leni weint und sagt irgendwann: „Mama, können wir Leni nicht wieder umtauschen?"

Was passiert gerade?

Frieda ist eifersüchtig. Sie war bisher die Nummer eins in der Familie, hat die volle Aufmerksamkeit erhalten und plötzlich ist da ihre kleine Schwester, die sehr viel Zeit und Fürsorge der Eltern in Anspruch nimmt. Frieda denkt, dass ihre Eltern sie jetzt weniger lieb haben. Ihre kleine Welt gerät ins Wanken. Bisher fühlte sie sich sicher und geborgen, denn sie konnte sich darauf verlassen, dass ihr Leben in gewohnten Bahnen verläuft. Jetzt hat sich plötzlich der Tagesablauf geändert, vielleicht ist nicht mehr so viel Zeit für die gewohnten Rituale und dadurch gerät sie in Stress. Sie muss die Aufmerksamkeit der Eltern und das Bedürfnis nach Sicherheit und Nähe jetzt mit ihrer Schwester teilen, das ist anfänglich ungewohnt für sie. Sie sucht ihren Platz in der neuen Familie, da sich die Rahmenbedingungen geändert haben.

Was kann ich tun?

Sag Frieda, dass du sie sehr lieb hast, immer für sie da bist und ihre kleine Schwester ihr nichts wegnimmt. Erkläre ihr, dass Eltern mehrere Kinder lieb haben können. Du kannst auch ein Buch kaufen, das sich mit dem Thema beschäftigt und es mit ihr anschauen. Sei für sie da und nimm dir Zeit für sie. Sie muss das Gefühl haben, dass du sie ernst nimmst und nur für sie da bist. Es ist wichtig, dass du mit beiden Kindern zusammen etwas unternimmst, damit sie lernt, dass du beiden deine Aufmerksamkeit schenken kannst. Sie kann die Rolle der „großen Schwester" übernehmen und Dinge tun, für die sie Lob und Anerkennung erhält. Neben der gemeinsamen Zeit sollten beide Kinder aber auch Zeit alleine mit Mama und Papa haben. Das ist übrigens genauso wichtig, wenn die Geschwister schon älter sind. Denn Eifersüchteleien gibt es immer mal wieder.

Was kann ich sagen?

- „Frieda, ich habe dich sehr lieb und ich bin immer für dich da. Was magst du denn nicht an Leni? Du brauchst dir keine Sorgen zu machen, dass ich dich jetzt weniger lieb habe. Ihr seid beide meine Mädels und ich bin froh, dass ich euch beide habe."
- „Wollen wir zwei mal etwas alleine unternehmen? Du darfst dir etwas aussuchen. Was möchtest du machen?"
- „Ich finde, du bist eine richtig tolle große Schwester. Leni freut sich, dich zu haben. Wenn wir morgen ins Schwimmbad gehen, darfst du Leni im Schwimmreif durch das Becken schieben."

Ich war's nicht!

Peter und Max, beide 5, spielen Fußball im Garten. Plötzlich fliegt der Ball in Richtung Terrasse und es klirrt laut. Die Gläser auf dem Terrassentisch fallen zu Boden und gehen kaputt. Peter rennt zu seiner Mama: „Ich war's nicht, der Max hat geschossen. Er schießt immer in die falsche Richtung."

Was passiert gerade?

Peter merkt sofort, dass die Aktion nicht gut war. Er hat Angst, dass es Ärger gibt, und seine Mama schimpft. Deshalb wagt er die Flucht nach vorne und rennt zu seiner Mutter, um seinen Bruder zu verpetzen. Peter macht das aber nicht aus Böswilligkeit. Kinder denken nun mal zuerst an sich, und er hofft, dass er keinen Ärger bekommt, wenn er sofort verrät, dass es Max war, der geschossen hat. Bei Peter ist das Bedürfnis, füreinander einzustehen und zusammenzuhalten noch nicht sehr groß. Denn Empathie, also Mitgefühl und die Fähigkeit, sich in andere hineinzuversetzen, entwickelt sich bei Kindern erst mit etwa 4 Jahren. Peter liefert seinen Bruder nicht wissentlich aus. Er will sich schützen und denkt, dass das der einzige Weg für ihn ist, nicht geschimpft zu werden. Wären die Jungs schon 9 Jahre alt gewesen, hätten sie sich wahrscheinlich verbündet und versucht die Sache irgendwie geradezubiegen.

Was kann ich tun?

Wenn dein Kind bei dir petzen möchte, gehst du am besten gar nicht darauf ein. Es möchte, dass du den Schiedsrichter spielst und will Ärger für sich vermeiden. In diese Rolle solltest du dich jedoch nicht begeben. Du kannst dein Kind fragen, was es jetzt tun möchte und wie es das Problem lösen könnte. Mache ihm klar, dass es nicht um Schuldzuweisungen geht und es dir nicht wichtig ist, wer Schuld hat, denn jeder macht mal einen Fehler. Es ist aber gut, wenn man den Fehler zugibt, dann kann man Lösungen für das Problem finden.

Was kann ich sagen?

- „Peter, danke, dass du mich informierst. Was willst du denn jetzt machen?"
- „Peter, ich finde es gut, dass du mir Bescheid gibst. Es ist nicht wichtig, wer geschossen hat. Das kann jedem mal passieren. Ich bin auch nicht böse."
- „Peter und Max kommt bitte mal her. Es ist schade, dass die Gläser kaputt gegangen sind. Mir ist das aber auch schon mal passiert. Ich bitte euch, beim nächsten Mal auf der Wiese zu spielen. Wir kehren jetzt die Scherben auf und dann dürft ihr weiter spielen."

Du bist doof, du Blödmann – Emotionale Ausbrüche abfedern

Kinder sind nicht immer lieb, brav, nett und hören auf das, was wir ihnen sagen. In den ersten Lebensjahren sind sie kleine Egoisten und gehen davon aus, dass sich die Welt nur um sie dreht. In der Trotzphase beginnen sie, sich abzugrenzen. Sie entwickeln ihren eigenen Willen, streben nach Autonomie und fordern vehement ihre Bedürfnisse ein. Natürlich stoßen sie dabei an ihre Grenzen. Mama und Papa sagen nicht zu allem Ja und Amen, der Kindergartenfreund möchte etwas anderes spielen, sie müssen am Tisch sitzen bleiben, obwohl sie lieber aufstehen würden… All diese Erfahrungen sind normal und wichtig, denn die Welt dreht sich nicht nur um das Kind.

Trotzdem rufen solche Erlebnisse negative Emotionen hervor, und damit können Kinder noch nicht umgehen. Dabei müssen wir ihnen helfen. Wir sollten ihnen zeigen, wie sie ihre Emotionen in den Griff bekommen und welche Alternativen es zu gewalttätigen Reaktionen gibt. Wir müssen uns immer wieder ins Gedächtnis rufen: Wenn Kinder andere anschreien, mit Kraftausdrücken beschimpfen, schlagen, treten, an den Haaren ziehen oder anderweitig handgreiflich werden, Dinge kaputt machen oder durch die Gegend werfen, dann steckt meist ein unausgesprochenes Bedürfnis dahinter. Sie haben entweder Angst, fühlen sich ausgeschlossen oder nicht geliebt und brauchen in diesem Moment Sicherheit und Verbundenheit.

Tu bloß meiner Puppe nicht weh!

Johanna und Swenja (beide 4) kennen sich aus dem Kindergarten und spielen gerne miteinander. Sie füttern ihre Puppen, wickeln sie und legen sie ins Bett. Plötzlich wird Swenja sauer: „Du hast meine Puppe wach gemacht, jetzt kann sie nicht mehr einschlafen." Johanna antwortet: „Das stimmt doch gar nicht, ich habe nichts gemacht." Sie ärgert sich und gibt Swenjas Puppe einen Schubs, diese fliegt aus dem Bett. Jetzt wird Swenja richtig wütend: „Hör auf, du bist so blöd, das tut meiner Puppe weh." Sie schubst Johanna. Die wehrt sich und zieht Swenja an den Haaren. Da reicht es Swenja und sie beißt Johanna in den Arm. Die fängt sofort an zu weinen und schreit wie am Spieß. Das ruft natürlich die Mütter der beiden auf den Plan, die bis dahin nebenan gemütlich Kaffee getrunken haben.

Was passiert gerade?

Johanna und Swenja streiten wegen einer Nichtigkeit. Swenja hat den Eindruck, dass Johanna etwas falsch gemacht hat und äußert dies. Von dieser Aussage fühlt Johanna sich angegriffen, sie fühlt sich auch falsch verstanden, von ihrer Freundin vielleicht nicht gemocht und kann mit diesen negativen Emotionen nicht umgehen. Ihre Frustration lässt sie heraus, indem sie der Puppe einen Schubs gibt (siehe Kapitel *Negative Gefühle füllen deinen Emotionsspeicher*). Jetzt eskaliert die anfängliche Diskussion der beiden, es kommt zu einem handfesten Streit. Kindern fehlt an dieser Stelle die Möglichkeit Unstimmigkeiten auszudiskutieren und deshalb lösen sie den Streit mit Handgreiflichkeiten. Das machen selbst manche Erwachsene noch und fangen eine Schlägerei an. Eltern verspüren in solchen Momenten oft ein Gefühl der Scham. „Mein Kind beißt, wie schrecklich. Was habe ich nur falsch gemacht." Scham ist hier fehl am Platz, es muss dir nichts peinlich sein. Du hast nichts falsch gemacht. Wenn Kinder schlagen, schreien, treten oder beißen, ist das meist ein Hinweis darauf, dass sie sich nicht verstanden fühlen oder einen Mangel verspüren. Dabei kannst du deinem Kind helfen. Schenke ihm Geborgenheit, Aufmerksamkeit, sei achtsam und hilf ihm mit seinen Emotionen umzugehen.

Was kann ich tun?

An dieser Stelle ist es wichtig, dass du eingreifst und deinem Kind klar machst, dass du keine Gewalt duldest. Du solltest die Kinder erst einmal auseinander nehmen und dann mit ihnen sprechen. Hören sie dir nicht zu, musst du möglicherweise eingreifen, indem du sie am Arm festhältst und voneinander trennst. Es ist wichtig den Kreislauf der negativen Emotionen zu durchbrechen und dabei ruhig zu bleiben. Du solltest keinen „Schuldigen" benennen, da du nicht weißt, was passiert ist. Hier ist es wichtig, dass du in folgenden Schritten vorgehst:

- Situation entzerren
- die Emotionen der Kinder ansprechen
- Verständnis zeigen und einfühlsam sein
- fragen, was das Kind gerade braucht
- nicht so viel erklären

Du kannst deinem Kind im Nachhinein durch ein Rollenspiel mit seinem Lieblingskuscheltier verdeutlichen, dass schlagen und beißen keine Optionen sind. Es kann gemeinsam mit dir andere Möglichkeiten finden. So kann es stattdessen die Streitsituation auch verlassen und weggehen.

Was kann ich sagen?

- „Hört sofort auf zu schlagen und zu beißen. Ich möchte das nicht. Kommt mal her zu mir."
- „Ich spüre, dass ihr beide gerade sehr wütend aufeinander seid und euch ärgert. Was ist denn los?"
- „Ich kann euch beide verstehen, das ist wirklich nicht schön. Ich ärgere mich auch manchmal über andere Menschen. Das darf man ruhig sagen, doch man soll andere nicht schlagen oder beißen. Ihr möchtet doch auch nicht, dass ihr geschlagen werdet. Das tut jedem weh. "
- „Was wollt ihr denn jetzt machen?" An dieser Stelle äußern selbst kleine Kinder schon sehr genau ihre Bedürfnisse. Das können Nähe und Zuneigung sein, aber auch der Wunsch sich zurückzuziehen. Diesen solltest du dann akzeptieren. Wenn dein Kind eine

kleine Auszeit braucht, solltest du sie ihm lassen. Das fällt uns manchmal schwer, denn wir denken, dass unser Kind in diesem Augenblick nicht alleine sein sollte.

- „Ok, dann spielt jetzt jede mal alleine und wenn ihr wieder Lust habt, zusammen zu spielen, überlegen wir uns etwas Schönes."
- „Ich schaue hin und wieder mal nach euch und dann sehen wir gemeinsam, was wir machen."
- Wenn alle guten Worte nicht mehr helfen und dein Kind immer noch wütend ist und körperliche Gewalt anwendet, solltest du konsequent handeln und es vor eine Wahl stellen. „Wenn jetzt die Sache nicht überwunden ist und ihr nicht wieder friedlich miteinander spielen wollt, gehen wir heim."

Das Wichtigste ist dann, das auch tatsächlich zu tun. Sonst merkt dein Kind schnell, dass es sich um eine leere Drohung handelt und nichts weiter passiert. Ich weiß, es ist nicht ganz einfach, diesen Rat umzusetzen und tatsächlich heimzugehen. Du möchtest ja die Gastgeberin, die vielleicht das Treffen gut vorbereitet und Kuchen gebacken hat, nicht vor den Kopf stoßen. Aber diese Konsequenz wird deinem Kind deutlich machen, dass du Gewalt nicht duldest.

Steine schmeißen macht Spaß

Mia macht mit ihrem Sohn Ben (6) einen Ausflug zum See. Sie laufen am Wasser entlang, gehen auf einen Spielplatz und füttern dann noch die Fische. Ein toller Tag für beide. Zum Abschluss sitzen sie gemeinsam auf einer Bank. Mia schaut versonnen über den See. Ben trinkt zuerst seine Apfelschorle, dann geht er ans Ufer, sammelt kleine Steine und wirft sie ins Wasser. Er ruft: „Schau mal Mama, die machen so schöne Kreise." Mia schaut zu und lächelt. Irgendwann verliert er die Lust daran und wirft die Steine auf die Wiese hinter ihnen. Dabei verfehlt er nur knapp ein Auto, das auf dem Parkplatz daneben steht. Mia ruft: „Ben hör auf damit, das geht nicht." Ben ignoriert Mia und schmeißt fröhlich weiter. Mia wird lauter: „Ben, es reicht. Hör sofort auf." Die Leute drehen sich um, doch Ben interessiert das nicht. Mia steht auf und läuft auf ihn zu, doch er rennt weg und schmeißt weiter mit den Steinen herum."

Was passiert gerade?

Ben hat Freude am Steinewerfen gefunden, es macht ihm Spaß. Er ist sich der Gefahr nicht bewusst und tut das nicht mit böser Absicht. Seine Mama hat ihm erlaubt, Steine in den See zu werfen und hat sich mit ihm über die Kreise an der Wasseroberfläche gefreut. Jetzt ist er verwundert, warum er plötzlich damit aufhören soll. Vielleicht ist Ben so vertieft in sein Spiel, dass er das erste Rufen seiner Mutter gar nicht wahrnimmt. Beim zweiten Rufen merkt er wahrscheinlich am Ton und der Lautstärke, dass seine Mutter sauer ist, kann aber nicht verstehen warum. Bens Mama denkt wahrscheinlich: „Unmöglich, dass Ben nicht auf mich hört. Das ist ja peinlich. Und Steine auf Autos werfen geht gar nicht." Sie muss sich ins Gedächtnis rufen, das Ben das nicht böswillig tut.

Was kann ich tun?

Wenn dein Kind Dinge tut, die in einer Situation in Ordnung sind und in einer andern nicht, muss es verstehen warum. Hier gibt es unterschiedliche Regeln und die sind ihm nicht bewusst. Ben schmeißt Steine in den See und das ist toll, wenn er sie auf Autos oder Menschen wirft, geht das nicht. Dies musst du deinem Kind deutlich machen. Es merkt nur, dass ihm Steine werfen Spaß macht. Warum sollte es damit aufhören? Hier ist es wichtig, deinem Kind zu verdeutlichen, dass es gefährlich ist, mit Steinen zu schmeißen, wenn Menschen oder Gegenstände getroffen werden können.

Wenn dein Kind dann nicht auf dich hört und deine Ansagen nicht befolgt, solltest du zu ihm gehen und auf Augenhöhe mit ihm reden und zwar im wahrsten Sinne des Wortes. Geh in die Hocke und erkläre ihm, warum in ähnlichen Situationen manchmal unterschiedliche Regeln gelten. Sag ihm auch, dass du es gar nicht magst, wenn es sich nicht an eure Absprachen hält. Falls er immer noch nicht hört, müsstest du eine Konsequenz benennen. Am sinnvollsten sollte diese mit dem Ereignis in Verbindung stehen. Du könntest ihm sagen, dass ihr keinen Ausflug mehr an den See macht. Mit 6 Jahren kann dein Kind den Zusammenhang schon verstehen.

Was kann ich sagen?

- „Ben, ich finde die Kreise im Wasser toll. Ich würde dir gerne etwas zum Thema Steinewerfen erklären."
- „Im See können die Steine keinen Schaden anrichten, da treffen sie niemanden. Sie platschen einfach nur ins Wasser und das macht Spaß. Aber wenn du Steine auf die Wiese wirfst, kann das gefährlich werden."
- „Ich habe die Bitte, dass du keine Steine auf Menschen, Tiere und Gegenstände wirfst. Damit könntest du jemand weh tun oder etwas kaputt machen."
- „Was glaubst du denn, was so ein Stein anrichten könnte." Diese Frage sensibilisiert dein Kind, es denkt über die Situation nach, überlegt sich die Konsequenz seines Handelns und beschäftigt sich so mit dem Thema.
- „Das stimmt und das wollen wir doch nicht. Du darfst gerne Steine in den See werfen, an Land ist Steine werfen verboten. Du kannst damit jemanden wehtun. Abgemacht?"
- „Ben, wir haben vorhin darüber gesprochen, warum du keine Steine an Land werfen sollst. Warum hältst du dich nicht an unsere Abmachung?"
- „Ich kann verstehen, dass es Spaß macht, doch das geht nicht. Ich möchte, dass dies nicht mehr vorkommt."
- „Leider hältst du dich nicht an unsere Abmachung. Wir gehen jetzt nach Hause und machen keinen Ausflug mehr an den See."

Oma, hör auf!

Bettys (4) Großmutter ist seit einer Woche zu Besuch. Sie haben gemeinsam viel Spaß und unternehmen viel zusammen. Nach einer Radtour sitzt die Familie im Garten und isst Kuchen. Oma macht Spaß mit Betty und stibitzt ihr ein kleines Stück Kuchen. Betty mag das nicht und sagt: „Oma, hör auf, das ist mein Kuchen." Oma beachtet Bettys Einwand nicht und will sich ein weiteres Stück Kuchen vom Teller des kleinen Mädchens nehmen. Da wird Betty wütend und schreit: „Du Arschloch, hör auf, ich hasse dich!" Am Tisch herrscht betretenes Schweigen.

Was passiert gerade?

Betty wird von ihren Emotionen überrollt. Sie ärgert sich, dass die Oma ihren Kuchen isst und sagt das auch. Leider beachtet die Großmutter diesen Hinweis von Betty nicht und ignoriert damit ein Bedürfnis des Mädchens. Betty hat das Recht zu sagen, dass sie etwas nicht möchte und daran sollte sich die Großmutter halten. Sie müsste akzeptieren, dass Betty das stört. Sie denkt wahrscheinlich: „Ist doch kein Problem, ich kann ruhig etwas von dem Kuchen nehmen. Es ist noch genug für Betty da." Betty merkt, dass sie nicht erst genommen wird, das ärgert sie und diesem Ärger macht sie Luft. Die negativen Gefühle füllen ihren Emotionsspeicher, und weil der noch sehr klein ist, explodiert er ziemlich schnell (siehe Kapitel *Negative Gefühle füllen deinen Emotionsspeicher*).

Aus der Wut heraus beschimpft Betty ihre Großmutter. Doch sie meint das Gesagte nicht wirklich so. Sie hasst ihre Oma nicht. In ihrer Wut weiß sie sich nicht anders zu wehren. Sie nennt ihre Großmutter „Arschloch", ein Kraftausdruck, der Erwachsenen in dieser Situation vollkommen überzogen erscheint. Doch das weiß Betty wahrscheinlich gar nicht. Viele Kinder haben einmal ein Phase, in der sie Schimpfwörter toll finden. Sie hören sie irgendwo, und weil die Wörter neu und ungewohnt sind, wollen sie sie auch ständig sagen. Meist verstehen die Kinder gar nicht, was sie da sagen und dass das Wort verletzend ist. Verbote helfen da nicht viel weiter, denn dadurch wird das Wort erst recht interessant.

Was kann ich tun?

In diesem Moment ist es wichtig, ruhig zu bleiben und nicht gleich loszupoltern. Wir sind manchmal entsetzt, dass solche Wörter aus dem Mund unseres Kindes kommen, doch es war nur die Explosion des Emotionsspeichers. Dein Kind meint es nicht so. Du solltest ruhig mit deinem Kind sprechen, am besten losgelöst von der Situation. Verlasse mit ihm den Raum und sprich alleine mit ihm.

Du solltest deinem Kind zeigen, dass es völlig in Ordnung ist, wenn es seine Gefühle äußert und für seine Bedürfnisse einsteht. Ansonsten würde sich der Glaubenssatz „Ich darf meine Meinung nicht äußern" verfestigen. (siehe Kapitel *Glaubensätze, die ich weitergeben will*). Es braucht in dieser Situation deinen Zuspruch, dass es seine Bedürfnisse äußern darf. Du solltest deinem Kind aber sagen, dass die gewählte Form nicht in Ordnung ist und es seine Großmutter nicht beschimpfen soll. Wenn du ihm erklärst, dass diese Worte der Oma weh tun, wird es das verstehen. Du solltest aber auch lobend erwähnen, dass es vollkommen korrekt war, dass das Kind protestiert hat und dass es im ersten Schritt durchaus die richtigen Worte verwendet hat.

Diese Situation solltest du aber ebenso zum Anlass nehmen, mit Bettys Großmutter ein Vieraugengespräch zu führen und ihr klarzumachen, dass man auch die Wünsche eines Kindes respektieren muss.

Was kann ich sagen?

- „Betty, ich merke, dass du dich richtig ärgerst. Wollen wir mal zusammen rausgehen?"
- „Was ärgert dich denn gerade so?" An dieser Stelle wird selbst eine 4-jährige schon sagen können: „Dass Oma meinen Kuchen wegisst." Dann sollte man akzeptieren, dass sie das nicht will.

- „Ich kann das gut verstehen. Ich finde es gut, dass du sagst, wenn dir etwas nicht gefällt. Das ist richtig und es war nicht in Ordnung von Oma weiter von deinem Kuchen zu essen."
- „Ich finde es nicht gut, dass du zu Oma „Arschloch" und „ich hasse dich" gesagt hast. Das tut Oma weh und sie wird traurig."
- „Was denkst du, wie Oma sich jetzt fühlt?" So lernt dein Kind sich in andere hineinzuversetzen und entwickelt Empathie. Dies kann ein Kind bereits ab dem 4. Lebensjahr lernen.
- „Möchtest du dich wieder mit Oma vertragen und dich entschuldigen?"

COOL DOWN – KOMM MAL ZUR RUHE

„Probier's mal mit Gemütlichkeit", singt Balu der Bär aus dem Dschungelbuch. Er ist gelassen, lebt ohne Hektik und Stress, lässt es sich gutgehen und freut sich auch an den kleinen Dingen des Lebens. Damit ist er ein Paradebeispiel für Entschleunigung, Achtsamkeit und die Erfüllung der eigenen Bedürfnisse. Nimm dir ein Beispiel an ihm und lerne mit den Strategien und praktischen Übungen in diesem Kapitel, wie du besser auf dich achtgibst und zur Ruhe kommst.

Wahrscheinlich wären wir zu unseren Kindern auch immer gern so gutmütig liebevoll wie Moglis zotteliger Freund Balu. Es wäre schön, wenn wir bei Konflikten souverän handeln würden, immer eine gute, gerechte Lösung parat und die richtigen verständnisvollen Worte auf der Zunge hätten. Aber das ist leider im Familienalltag oft nicht so.

Wenn in der Familie die Windstärke zunimmt, der Sturm tobt und sich langsam aber sicher zu einem Orkan entwickelt, kochen die Gemüter hoch, die Stimmen werden lauter, und der Ton schriller. Dann fällt es uns schwer, entspannt zu bleiben und gelassen zu reagieren. Wir werden dann von unseren Emotionen geleitet und diese veranlassen uns, zu schimpfen und zu schreien, oder ganz still zu werden und weglaufen zu wollen. Wenn wir in einen Strudel der Gefühle hineingerissen werden, können wir nicht überlegt handeln und sind dann nicht mehr gelassen und souverän. Doch die gute Nachricht ist, wir können es lernen.

Nach jeder schwierigen Situation haben wir die Möglichkeit darüber nachzudenken, unser Handeln zu hinterfragen, und uns Lösungen zu überlegen, die wir beim nächsten Mal anwenden können. Immer wenn wir „falsch" handeln, ist das eine Chance, daraus zu lernen und sich weiter zu entwickeln. Fehler, die wir machen, sind eine gute Gelegenheit, uns zu verbessern. Deshalb sollten wir uns die Zeit nehmen, über uns, unser Verhalten und unsere Reaktionen nachzudenken und diese zu verändern, wenn sie nicht passen. Auch hier gilt: Übung macht den Meister.

Wenn du richtig sauer bist, mit deinem Kind schimpfst und ihm Unrecht tust, wird dir danach dein Gewissen signalisieren: „Das war jetzt nicht in Ordnung." Dann nimm dir Zeit und überlege, was du künftig anders machen könntest. Je mehr verschiedene Verhaltensvarianten dir dabei einfallen, desto besser wirst du auf die nächste Konfliktsituation vorbereitet sein. Erst wenn du Erfahrungen gesammelt und verschiedene Handlungsabläufe durchgespielt hast, wirst du die Möglichkeit haben, in stressigen Situationen einen Schritt zurückzutreten, das Ganze mit Abstand zu betrachten und die Lösung zu wählen, die in diesem Moment am besten passt. Deshalb nur Mut, hinterfrage dich ruhig ab und zu!

In diesem Kapitel zeige ich dir verschiedene Möglichkeiten, wie du diesen Schritt zurück machen und einen geeigneten Lösungsweg wählen kannst. Das hilft dir dabei, deinen ganz persönlichen Notfallplan zu entwickeln. Er sagt dir, welche Schritte du in einer brenzligen Situation nacheinander unternehmen solltest, und du kannst ruhig, liebevoll und gelassen bleiben.

Mach dein Ding

Wenn dich jemand auffordert: „Mach dein Ding!", denkst du bestimmt: „Wie soll ich das denn machen? Ich habe ja schließlich ein Kind. Meine Familie braucht mich, ohne mich läuft gar nichts. Wie soll das gehen? Ich habe keine Zeit, um mein Ding zu machen. Im Alltag geht das überhaupt nicht. Das ist Quatsch!

Wir sind in die familiäre und berufliche Alltagsmaschinerie eingespannt, wollen für unser Kind, die Familie, Freunde und Kollegen da sein, nehmen uns zurück und stellen unsere Wünsche hinten an. Uns fällt es oft schwer, an uns und unsere Bedürfnisse zu denken. Das funktioniert aber leider nur eine gewisse Zeit lang. Denn jeder Wunsch, den wir uns nicht erfüllen und jedes Bedürfnis, das wir zurückdrängen, füllt unseren Emotionsspeicher. Mit dieser Sammelstelle für unsere negativen Gefühle hatten wir uns ja schon zu Beginn des Buches beschäftigt und wissen, was passiert, wenn dieser Emotionsspeicher voll ist. Er explodiert, und wir gehen mit ihm in die Luft und werden ungehalten.

Der gesunde Egoismus

Damit das nicht passiert, müssen wir im Vorfeld gut für uns sorgen. Ich benutze hier gerne den Begriff „gesunder Egoismus". Eigentlich ist Egoismus ein Wort, das negativ belegt ist. Wir lernen schon in der Kindheit, dass man nicht so egoistisch sein soll. Es wird erwartet, dass wir anderen helfen, mit ihnen teilen, sie unterstützen und nicht zu viel an uns denken. Das ist gut und schön, aber nur zum Teil richtig. Denn du sollst, du musst genauso an dich denken.

 GESUNDER EGOISMUS

Gesunder Egoismus heißt, dass man seine eigenen Bedürfnisse wahrnimmt, diese äußert und sie sich erfüllt. Es bedeutet ferner, dass man die Bedürfnisse anderer Menschen ebenfalls wahrnimmt und Kompromisse findet, damit alle zu ihrem Recht kommen. Man tritt für sich selbst ein, formuliert seine Wünsche und sagt auch mal Nein ohne anderen zu schaden.

Gesunder Egoismus ist etwas Gutes und Wichtiges. Es bringt nichts, wenn du dich permanent für andere aufopferst und dann selbst total ausgelaugt und kraftlos bist. Wenn du abends völlig erschöpft ins Bett fällst, weil du 48 Stunden durchgearbeitet hast, und dann drei Tage schlafen musst, um deine Energiedepots wieder aufzuladen. Wenn du permanent über deine Grenzen hinausgehst, dich um alles kümmerst, schaust, dass es jedem gut geht, dann bleibt zwangsläufig jemand auf der Strecke – nämlich du!

Du musst zuerst dafür sorgen, dass du ausgeglichen und voller Energie bist und Freude am Leben hast. Wenn es dir gut geht, geht es auch deinem Umfeld gut. Ein anschauliches Beispiel für dieses Prinzip bekommst du, wenn du mit dem Flugzeug reist. Die Stewardess erklärt nach dem Einstieg die Regeln in einem Notfall. Wenn die

Sauerstoffmasken von der Decke fallen, weil die Luft in der Kabine knapp wird, sollst du dir zuerst eine Maske nehmen und sie aufsetzen. Danach erst sollst du Kindern helfen. Instinktiv würden viele Eltern wahrscheinlich zuerst ihr Kind mit Sauerstoff versorgen. Doch was nützt es deinem Kind, wenn du wegen Sauerstoffmangel bewusstlos wirst, und ihm nicht mehr helfen kannst?

Genau so verhält es sich im Alltag. Unser Akku muss aufgeladen sein, damit wir für unser Kind da sein können. Allzu oft ist der aber fast leer und wir haben schon mehrfach eine Warnung erhalten: „Akkustand niedrig, bitte laden!" Doch das ignorieren wir gekonnt. Wir meinen, wir könnten noch bis zum Abend durchhalten, schleppen uns durch den Tag und dann passiert eine Kleinigkeit und wir explodieren. Wir müssen jedoch vorher innehalten und uns etwas Gutes tun. Um zu verhindern, dass unser Akku sich zu schnell entlädt, können wir einfach Nein sagen zu den Dingen, die uns zu viel Energie kosten.

SAGE NEIN!

Weil das gar nicht so einfach ist, kannst du mit dieser Übung in kleinen Schritten lernen, Nein zu sagen.

- Du solltest üben, höflich aber bestimmt Nein zu sagen, wenn du etwas nicht möchtest oder du eine Pause brauchst. Wenn dir das Neinsagen sehr schwerfällt, solltest du damit anfangen, ganz bewusst mindestens einmal am Tag zu jemandem Nein zu sagen und etwas abzulehnen.
- Fang mit kleinen Dingen an. Sag deinem Partner, dass du heute Abend nichts kochst und ihr eine Brotzeit esst. Sag deinem Kind, dass du jetzt nicht mit ihm spielst, weil du zuerst eine Pause machen möchtest.
- Je öfter du Nein sagst, desto leichter fällt es dir. Du wirst merken, dass dann gar nicht viel passiert. Mit jedem Nein lernst du, dich selbst wichtig zu nehmen.

Oft sagen wir Ja, obwohl wir lieber Nein sagen würden. Wir haben Angst jemanden zu verletzen, nicht genug zu leisten, Sympathien zu verlieren, unsere Kinder zu enttäuschen. Wir tun Dinge, die wir nicht wollen und setzen eine gute Miene auf, obwohl es uns gar nicht gefällt. Wir stellen unsere eigenen Bedürfnisse zurück, um die Wünsche anderer zu erfüllen und das wirkt sich auf unsere Stimmung aus.

Erkenne deine Bedürfnisse

WAS BRAUCHE ICH?

Wenn du bei deinen Bedürfnissen bisher häufig zurückgesteckt hast, fällt es dir anfänglich wahrscheinlich schwer, diese genau zu benennen. Mit dieser Übung geht das leichter.

- Nimm dir 15 Minuten Zeit (das ist schon der erste Schritt, denn du nimmst dir für dich Zeit) und überlege dir, was dir gut tun würde. Es ist völlig egal, ob du dies schon einmal gemacht hast oder ob es nur ein Traum ist. Denke nicht darüber nach, was andere dazu sagen werden.
- Schreib alles auf, was dir in den Sinn kommt. Oft sind das nur kleine Dinge. Auf der Liste müssen mindestens zwanzig Wünsche stehen, gerne mehr. Am Anfang ist es vielleicht etwas zäh, doch bald sprudeln die Ideen.
- Dann markierst du auf deiner Liste die Wünsche, die du dir selbst erfüllen kannst, grün. Die Wünsche, für die du Unterstützung benötigst, rot. Organisiere dir für die „roten Wünsche" Hilfe. Das kann ein Babysitter für einen Paarabend sein oder einmal in der Woche ein „Omatag" ...
- Ab morgen ist es deine Aufgabe, jeden Tag mindestens 15 Minuten etwas für dich zu tun! Ausreden wie „keine Zeit", zählen hier nicht. Steigere deine persönliche „Bedürfnis-Freizeit" allmählich auf eine Stunde pro Tag.

Unsere Kinder spüren, wenn es uns nicht gut geht. Sie sind da sehr sensibel und empfindsam. Sie merken, wenn wir schlechte Laune haben oder gestresst sind. Meist überträgt sich unsere Stimmung dann auf sie. Deshalb sollten wir ehrlich zu unseren Kindern sein und offen mit ihnen sprechen. Es ist völlig in Ordnung zu sagen: „Ich hatte heute einen anstrengenden Tag und brauche jetzt eine kurze Pause. Du darfst eine Folge deiner Lieblingsserie schauen und danach spielen wir zusammen etwas." Unsere Kinder lernen dadurch sehr viel. Sie lernen über Gefühle zu sprechen, Schwächen zuzugeben, ihre Bedürfnisse zu erkennen und sich selbst wichtig zu nehmen.

Achtsamkeit im Alltag

Das Wort Achtsamkeit wird mittlerweile häufig gebraucht. Es wirkt deshalb schon fast ein wenig abgegriffen. Doch es ist etwas Schönes und Sinnvolles. Achtsamkeit bedeutet, dass wir das, was wir tun, mit voller Aufmerksamkeit tun! Es beinhaltet auch, dass wir uns auf das konzentrieren, was wir gerade tun, es mit allen Sinnen wahrnehmen, ohne es zu bewerten.

Das „nicht Bewerten" fällt uns manchmal allerdings schwer. Sobald wir eine Situation erleben oder einen Menschen kennenlernen, gehen in unserem Kopf die Schubladen auf und das Neue wird einsortiert. Wir stecken es in die Schublade gut oder schlecht, richtig oder falsch und bewerten die Situation oder den Menschen damit, weil wir das so gewohnt sind. Diese Bewertung erfolgt nach unseren Maßstäben und Werten. Natürlich bewerten wir auch unser Kind oder andere Kinder. Verhält es sich richtig, ist es lieb, macht es das gut? Hier gilt ebenso, achtsam zu sein, erst einmal zu beobachten, die Situation oder den Menschen auf sich wirken zu lassen und nicht vorschnell zu bewerten. Dass gerade bei Kindern nie eine schlechte Absicht hinter ihrem Tun steckt, sollte man sich dabei immer wieder in Erinnerung rufen.

Ein weiterer Feind der Achtsamkeit ist das Multitasking. Wir sind einfach nicht dafür gemacht, mehrere Dinge gleichzeitig zu tun. Telefonieren, Mails checken, dabei kochen und noch überlegen, was das Kind morgen in der Schule braucht. Das ständige Hasten, hier was Erledigen, dort was Regeln tut uns nicht gut, macht uns unglücklich und aggressiv. Die Glücksforschung belegt, dass uns nichts besser in Flow bringt, als eine einzelne Sache, die wir mit unserer ganzen Aufmerksamkeit und allen Sinnen tun. Daher sollten wir uns entschleunigen und damit aufhören, mehrere Dinge auf einmal zu erledigen.

Kinder sind Achtsamkeits-Vorbilder

Die besten Vorbilder in Sachen Achtsamkeit sind unsere Kinder. Sie sind wahre Meister darin. Was sie tun, tun sie mit voller Aufmerksamkeit. Wenn sie spielen, sind sie ganz in ihr Spiel vertieft und hören nicht, was um sie herum geschieht. Sie sind ganz im Augenblick und genießen ihn. Multitasking ist ihnen fremd, mehrere Dinge gleichzeitig zu machen, würde ihnen nicht gut tun.

Ebenso unterscheidet sich die Wahrnehmung unserer Kinder von der unseren. Wenn ich mit unserem Sohn spazieren gehe, wundere ich mich, was er alles sieht. Den kleinen Käfer auf dem Stein, den Schmetterling, die schönen Wolken, die 2-Cent-Münze auf dem Boden. Mir fallen diese Dinge schon gar nicht mehr auf. Meine Wahrnehmung ist anders und nicht so im Hier und Jetzt. Ich laufe durch die Gegend und plane im Kopf bereits den nächsten Tag durch. Das ist eigentlich schade.

Ein achtsamer Spaziergang mit unserem Kind schenkt uns neue Perspektiven und öffnet Horizonte. Unsere Kinder leben in den ersten Jahren komplett wertungsfrei. Sie beurteilen ihre Freunde im Kindergarten nicht nach Aussehen, Leistung oder anderen Kriterien. Sie nehmen sie so an, wie sie sind. Wenn wir also achtsamer durch das Leben gehen möchten, sollten wir unsere Kinder beobachten und uns ein Beispiel an ihnen nehmen. Von ihnen können wir lernen, dass wir nicht immer nur das Außergewöhnliche beachten sollen, sondern die einfachen Dinge, das Naheliegende. Und dass deren Betrachtung eine Zeit des Innehaltens, der Muße und der Reflektion sein sollte.

Kinder merken sofort, wenn wir ihnen gegenüber nicht achtsam sind. Manchmal sind wir abgelenkt und beschäftigt und schenken unseren Kindern nur „Pseudo-Aufmerksamkeit". Wir tun so, als ob wir unser Kind wahrnehmen, sind aber mit den Gedanken ganz woanders. So etwas nehmen Kinder sofort wahr, und sie tun alles um echte Aufmerksamkeit zu erhalten. Dein Kind zeigt dir zum Beispiel ein selbst gemaltes Bild und du sagst: „Das hast du toll gemacht, jetzt mal ruhig weiter", weil du mit etwas anderem beschäftigt bist. Dein Kind wird merken, dass das nur eine Floskel ist, und du es nicht ernst meinst. Es wird vielleicht noch einmal zu dir kommen, um dir ein weiteres Bild zu zeigen. Reagierst du immer noch mit dieser Pseudo-Aufmerksamkeit, wird es sich bemerkbar machen. Vielleicht wird es mit seinen Bundstiften Wände bemalen, auf der Couch herum springen oder Steine gegen das Fenster werfen. Jedenfalls wird es „kreativ" werden, um deine ungeteilte Aufmerksamkeit zu bekommen, was vollkommen nachvollziehbar ist. Dein Kind möchte wahrgenommen werden, und du erfüllst dieses Bedürfnis nicht, also muss es sich mit den Möglichkeiten, die es hat, bemerkbar machen.

Gerade deshalb ist es wichtig, die Zeit, die du mit deinem Kind verbringst, achtsam zu verbringen. Es ist nicht gut für eure Beziehung, wenn du zwar den ganzen Tag mit deinem Kind zusammen verbringst, aber nie richtig da bist. Wenn du an den nächsten Arbeitstag denkst, während du mit ihm spielst oder ihm vorliest, das aber mechanisch und nicht bewusst tust. Hier muss Qualität vor Quantität kommen! Schenke deinem Kind lieber eine Stunde volle Aufmerksamkeit, höre ihm zu, sprich mit ihm, spiel mit ihm und sei ganz bei ihm. Das ist mehr wert als ununterbrochene Pseudo-Aufmerksamkeit. Wenn du mit ihm darüber redest, wird dein Kind verstehen, dass du nicht immer präsent sein kannst. Sag ihm, dass du jetzt arbeitest, Essen zubereitest oder eine Auszeit brauchst. Danach bist du wieder aufmerksam, achtsam und für dein Kind da.

> **! WAS IST ACHTSAMKEIT?**
>
> Jon Kabat-Zinn, ein bedeutender Vertreter der modernen Achtsamkeitsbewegung, bringt es so auf den Punkt: „Die beste Möglichkeit Momente einzufangen, ist, aufmerksam zu bleiben. So kultivieren wir unsere Achtsamkeit. Achtsamkeit bedeutet wach zu bleiben. Es bedeutet zu wissen, was du gerade machst."

Verlorene Achtsamkeit wiederfinden

Im Laufe unseres Lebens verlernen wir den achtsamen Umgang miteinander. Wir sind getrieben, müssen funktionieren, wollen effizient und erfolgreich sein, haben keine Zeit zu verlieren. Unter diesen Bedingungen können wir natürlich nicht achtsam sein.

Das Schöne an der Achtsamkeit ist, dass sie sich immer wieder neu in dein Leben integrieren lässt. Du kannst täglich damit beginnen und in kleinen Schritten deinen Weg zurück zu mehr Achtsamkeit gehen. Achtsamer mit dir selbst und deiner Familie umgehen, deine Wahrnehmung schulen, wach sein, bewusst erleben und entsprechend handeln. Ich zeige dir mit den nächsten Übungen, wie das geht.

Bewusst und mit allen Sinnen erleben

Achtsamkeit beginnt bei jeder alltäglichen, gewöhnlichen Verrichtung. Duschen, Zähneputzen, Essen, Zeitunglesen, Kochen, Bügeln, Spazierengehen, Telefonieren, Autofahren, E-Mails schreiben... Da wir es gewohnt sind, mindestens zwei Dinge auf einmal zu tun, lenkst du deinen Fokus jetzt ganz bewusst auf eine Sache.

- Suche dir anfangs pro Tag zwei alltägliche Dinge aus, die du mit voller Aufmerksamkeit tust. Achte zum Beispiel beim Duschen darauf, wie sich das Wasser auf deiner Haut anfühlt. Genieße es und schließ dabei die Augen. Nimm wahr, wie dein Duschgel duftet. Bleibe in diesem Moment bei dieser einen Sache und denke nicht schon wieder an die nächste Aufgabe.
- Das ist anfänglich sehr schwer, denn deine Gedanken werden abschweifen. Beim Duschen kannst du doch prima darüber nachdenken, was du noch einkaufen musst. Nein! Biete deinen Gedanken Einhalt. Freue dich über die Dusche, genieße sie und nimm wahr, wie es dir dabei geht.

Je öfter du etwas bewusst tust, desto besser wird es dir gelingen. Du wirst durch die vielen kleinen, bewusst erlebten Verrichtungen die Achtsamkeit in deinen Alltag integrieren und schärfen.

Nimm dich wahr

Vielleicht hast du den Begriff Bodyscan schon einmal im Zusammenhang mit Achtsamkeit gehört. Wenn wir gestresst sind, nehmen wir uns nicht richtig wahr. Unser Körper zeigt uns durch Rücken-, Magen- oder Kopfschmerzen, dass etwas nicht stimmt. Doch wir ignorieren es gekonnt, bis die Signale unseres Körpers deutlicher werden. In dieser Übung geht es darum, achtsam in deinen Körper hineinzuhören und zu spüren, wie es dir gerade geht. Lege dich ruhig hin, atme 5-mal tief ein und aus. Dann geh in Gedanken deinen Körper ab. Du beginnst bei den Zehen und endest am Kopf.

- Wie fühlt sich das jeweilige Körperteil an?
- Was bemerkst du?
- Was tut dir weh?
- Was ist anders als gestern?

Durch die Konzentration auf einzelne Regionen deines Körpers nimmst du sie bewusst wahr und wirst ruhig. Du entspannst dich und hörst in dich hinein. Denk dran: Sollten deine Gedanken abschweifen, komm immer wieder zu den einzelnen Körperteilen zurück.

Ein achtsamer Spaziergang

Ein Spaziergang an der frischen Luft tut immer gut. Bewegung in der Natur baut Stress ab und macht den Kopf frei. Das haben wir alle schon einmal gehört. Doch wie oft machen wir einen Spaziergang ganz bewusst? Ich meine damit nicht, dass wir von einem Termin zum anderen hetzen. Während wir zur Kita laufen noch schnell drei Anrufe erledigen oder die Mails checken. Hier geht es um einen Spaziergang und um nichts anderes.

Suche dir eine kleine Strecke aus und gehe diese langsam und bewusst. Schritt für Schritt.

- Halte deinen Blick auf den Boden gerichtet, ca. 2 Meter vor dir. Das sieht vielleicht etwas komisch aus, schützt dich aber vor Ablenkungen durch deine Umgebung.
- Lenke deine volle Aufmerksamkeit auf deine Füße. Nimm jeden Schritt bewusst wahr. Spüre den Auftritt des Fußes auf der Erde, das Abrollen, die Zehen, den Ballen, die Sohle. Richtig gut funktioniert das, wenn du barfuß läufst.
- Versuche an nichts anderes zu denken als an das, was du gerade spürst und wahrnimmst.

Diese Übung hilft dir, dich wieder zu fokussieren und nur eine Sache mit voller Aufmerksamkeit zu tun. Du kannst diesen achtsamen Spaziergang auch gemeinsam mit deinem Kind machen, dann musst du es nur anleiten. Sprich anschließend mit ihm darüber. Was hat es gefühlt? Was ist ihm aufgefallen? Was war anders als sonst?

Achtsam essen

Auch beim Essen fehlt uns manchmal die Achtsamkeit. Wir essen hastig, obwohl wir unseren Kindern sagen, dass sie nicht schlingen sollen. Wir schmecken gar nicht richtig, was wir essen, weil wir unaufmerksam oder abgelenkt sind oder über irgendetwas nachdenken. In dieser Übung geht es darum, wieder ganz bewusst zu schmecken und zu genießen.

Suche dir ein ruhiges, gemütliches Plätzchen zum Essen. Der schön gedeckte Esstisch oder die Theke in der Küche. Gerade für Familienrituale ist ein fester Platz für die Mahlzeiten wichtig.

- Nimm deine Mahlzeiten immer ohne Ablenkungen (Handy, Radio, Zeitung) ein. Sei hier ebenfalls ein Vorbild! Du kannst nicht von deinem Kind verlangen, dass das Tablet aus bleibt, wenn dein Handy neben deinem Teller liegt.
- Betrachte dein Essen so, als würdest du es heute zum ersten Mal sehen. Rieche daran, schaue es dir an und wecke deine Neugier auf das Essen.
- Schließe deine Augen beim Kauen und nimm jeden Bissen wahr. (Zutaten, Gewürze, unterschiedliche Geschmackskomponenten).
- Kau jeden Bissen 10-20 mal. Wie lange kannst du die Nahrung spüren? Wie lange nimmst du den Nachgeschmack wahr?

Das klingt vielleicht seltsam oder gar übertrieben, aber es wirkt. Das ist zudem eine sehr schöne Übung, um Kindern achtsames Essen näher zu bringen. Mach ein Spiel daraus und nimm immer wieder mal eine Mahlzeit zusammen mit deinen Kindern ein, bei der ihr euch ganz bewusst nur auf das Essen konzentriert.

Kraftquelle Atem – Entspannung garantiert

Ohne Atem kein Leben. Unser Atem ist unser Lebenselixier, er versorgt den Körper und all unsere Zellen mit Sauerstoff. Wir atmen meist unbewusst ein und aus, ohne groß darüber nachzudenken. Es geschieht einfach. Wenn wir jedoch gestresst sind, bereitet sich der Körper auf eine Flucht- oder Kampfsituation vor und denkt, dass er dafür mehr Energie braucht. Dann atmen wir schneller und tiefer ein und aus. Dadurch erhält unser Körper mehr Energie. Wenn wir Angst haben oder unter Anspannung stehen, verlangsamt sich die Atmung. Wir halten den Atem an oder atmen seltener tief ein und aus. Wir atmen nicht in den Bauch, sondern nur in den Brustkorb und werden kurzatmig. Sowohl bei einer zu schnellen als auch bei einer zu flachen Atmung steht unser Körper unter Spannung und ist nicht in Balance, dann können wir nicht gelassen reagieren.

! ATMUNG

Man unterscheidet zwischen Bauchatmung und Brustatmung. Bei der Bauchatmung wölbt und senkt sich der Bauchraum. Das Einatmen erfolgt durch das Zwerchfell. Die Bauchatmung ist entspannend und beruhigend. Bei der Brustatmung hebt und senkt sich der Brustkorb. Das Einatmen erfolgt durch das Anheben der Rippen. Bei der Brustatmung gelangt viel Sauerstoff in den Körper. Sie hilft in Notsituationen. Ein optimales Zusammenspiel von Bauch- und Brustatmung nennt man Vollatmung. Sie ist zugleich kraftvoll und entspannt.

Um unseren Körper zu entspannen, sollten wir uns im ersten Schritt auf unseren Atem konzentrieren. Dadurch fokussieren und erden wir uns. Wenn die Stimmung also wieder mal sehr angespannt ist, und dein Emotionsspeicher kurz vor der Explosion steht, verlasse den Raum und atme tief durch. Das hilft – versprochen.

Im Anschluss zeige ich dir unterschiedliche Atemübungen für den Alltag. Alle sind sehr einfach und leicht umsetzbar. Du musst sie jedoch mehrmals bewusst und achtsam in Ruhe durchführen, damit sie dauerhaft abgespeichert werden. Nur wenn du sie „im Schlaf" kannst, wirst du in Notsituationen auf sie zurückgreifen können. Es bringt dir nichts, wenn dir erst in einer Krisensituation, die gerade eskaliert, einfällt: „Da war doch mal was mit Atemübungen..." Die funktionieren dann wahrscheinlich nicht.

Das kleine ABC des Atmens

Wenn eine Situation eskaliert und die Stimmung sich auflädt, ist es besser für dich, wenn du das Geschehen verlässt. Es ist wichtig, dass du dich auch räumlich davon distanzierst und den Ort, an dem schlechte Stimmung ist, hinter dir lässt und dich ablenkst. Gehe kurz vor die Tür oder in einen anderen Raum, um durchzuatmen und deinen Ärger los zu lassen.

Bewusst atmen

Du denkst, vermutlich wie die meisten Menschen, wenig über deine Atmung nach. Es ist selbstverständlich, dass du atmest, darüber machst du dir keine Gedanken. Doch gerade wenn du unter Druck stehst, solltest du dich auf deinen Atem konzentrieren und ganz bewusst tief ein- und ausatmen. Zähle beim Einatmen bis 4 und beim Ausatmen wieder bis 4.

Bauchatmung trainieren

Vielleicht fällt dir die Bauchatmung anfänglich etwas schwer, weil du schon seit längerer Zeit nicht mehr wirklich tief in deinen Bauch geatmet hast. Das kannst du mit dieser Übung aber sehr schnell wieder lernen.

- Lege dich mit dem Rücken flach auf den Boden oder auf die Couch.
- Lege dir ein Buch auf den Bauch und atme erst einmal wie immer ein und aus. Was passiert? Wenn sich das Buch beim Einatmen hebt und beim Ausatmen senkt, atmest du in den Bauch, dann ist alles gut.
- Sollte sich das Buch nicht oder nur wenig bewegen, musst du das Ganze üben: Du atmest tief ein, dein Bauch und das Buch müssen sich dabei heben. Atme so tief du kannst ein und halte den Atem dann ein wenig.
- Danach atmest du lange aus. Dein Bauch und das Buch müssen sich deutlich sichtbar senken. Presse den letzten Atem aus deinem Bauch heraus. So trainierst du dein Zwerchfell.
- Mit jeder Übung atmest du mehr Luft ein und wirst entspannter.
- Hast du die Bauchatmung so wie hier wieder ein paar Mal bewusst geübt, kannst du sie auch im Alltag anwenden, wenn es stressig wird. Dann atmest du 5-mal tief in den Bauch ein. Die Wirkung ist sofort spürbar.

Den Ärger ausatmen

Du kennst bestimmt den Spruch: „Ich muss mal Dampf ablassen." Das kannst du im wahrsten Sinne des Wortes durch richtiges Atmen tun.

- Stell dich aufrecht hin und atme tief in den Bauch.
- Halte kurz die Luft an und atme dann in 10 Atemstößen aus, bis die ganze Luft aus deinem Bauch entwichen ist. Es kann sein, dass dein Atem am Anfang schon nach 3 Atemstößen erschöpft ist.
- Mit jedem Atemzug lässt du ein wenig Luft und ein wenig von deinem Ärger ausströmen.

Nasenatmung

Die Nasenatmung macht dich ruhig. Du bist ganz auf deinen Atem fokussiert und atmest achtsam ein und aus. Durch den Wechsel der Finger musst du dich konzentrieren und hast somit keine Zeit deinen negativen Gedanken nachzuhängen.

- Setz dich bequem hin.
- Halte mit dem Daumen deiner rechten Hand dein rechtes Nasenloch zu.
- Atme durch das linke Nasenloch ein.
- Halte jetzt mit deinem rechten Zeigefinger dein linkes Nasenloch zu.
- Atme durch das rechte Nasenloch aus.
- Atme lange und tief ein und aus und konzentriere dich ganz auf dein Atmen und den Wechsel von Daumen und Zeigefinger.
- Nach 2 Minuten merkst du, wie du ruhig wirst.

4-6-8 Atmung

Einfach einmal tief durchatmen, diesen Ratschlag kennen wir alle. Doch gerade, wenn es stressig ist, atmen wir nicht richtig. Wir atmen zu kurz, zu flach und nicht in den Bauch. Da kann eine kontrollierte Bauchatmung unterstützen. Diese Methode ist sehr einfach und wirkungsvoll. Mit der 4-6-8 Atmung baust du Stress ab und förderst die Entspannung und Kreativität.

- Stell dich aufrecht hin, die Schultern sind gerade, und lege deine Hand auf deinen Bauch.
- Atme nun durch die Nase ein. Dein Brustkorb sollte sich dabei nicht heben, nur dein Bauch.
- Wenn das funktioniert, atmest du aus und dann langsam durch die Nase wieder ein und zählst dabei bis 4.
- Halte nun die Luft an und zähle bis 6.
- Atme langsam durch den Mund aus und zähle dabei bis 8.

Wut weg atmen

- Diese Übung kannst du im Sitzen (die Füße auf dem Boden aufstellen) im Stehen oder beim Gehen machen.
- Unterbreche deine Gedanken, indem du in Gedanken oder laut STOPP sagst.
- Konzentriere dich ganz auf deinen Atem.

- Atme tief durch die Nase ein und durch den Mund aus.
- Wiederhole diese Atmung 5-mal langsam und bewusst.
- Achte danach auf das Gefühl in deinen Füßen, und wie sie den Boden berühren. Was empfindest du?
- Spürst du die Erdung deiner Füße?
- Jetzt konzentrierst du dich gleichzeitig auf deine Atmung und auf die Erdung deiner Füße. Dadurch bist du nicht mehr in der Lage, deinen negativen Gedanken zu folgen. Die Konzentration auf zwei Körpergefühle stoppt das Gedankenkarussell.

Raus aus dem Gedankenkarussell

Zum Ende dieses Kapitels zeige ich dir noch drei kleine Notfall-Übungen für stürmische Zeiten.

In Momenten in denen Ärger und Wut die Oberhand gewinnen, ist es wichtig, deine Gedanken in den Griff zu bekommen und dich wieder zurück in einen ruhigen Gemütszustand zu steuern. Sonst treiben dich deine negativen Emotionen immer tiefer in den Ärger hinein. Du denkst dann vielleicht: „Jetzt reicht es mir. Mein Kind benimmt sich unmöglich. Das lasse ich mir nicht gefallen." Diese Gedanken wirken wie Einpeitscher und befeuern deine Wut noch weiter. Beende den Teufelskreis, indem du das Gedankenkarussell stoppst, das sich sonst in deinem Kopf immer weiter und immer schneller dreht.

Um diese Negativspirale zu unterbrechen, mach dir bewusst, was gerade in deinen Gedanken passiert. Dann befiehlst du deinem Gedankenfluss anzuhalten, indem du STOPP denkst. Wenn es die Situation zulässt, kannst du auch laut STOPP sagen, am besten mehrmals hintereinander, damit die Botschaft in deinem Gehirn ankommt.

Dieser Gedankenstopp lässt dich innehalten und bewahrt dich vor dem Schimpfen und Schreien. Verlasse dann kurz gedanklich die Situation, um darüber nachzudenken, wie du am besten reagierst. Wenn es möglich ist, kannst du auch aus dem Raum gehen.

Hier sind deine drei Notfallübungen:

ENTSCHLEUNIGE DICH

Wenn dir der Kragen zu platzen droht, kannst du dich mental von der Situation entfernen, indem du deine Gedanken stoppst, dich auf deinen Atem konzentrierst und dabei zwei Wörter denkst. Diese Wörter kannst du selbst festlegen, sie sollen dir Ruhe schenken.

Atme tief ein und denke dabei zum Beispiel „Bleib", atme dann aus und denke „ruhig". Es funktioniert natürlich genauso mit „Lass – Los", „Entspann – Dich" oder anderen Wortpaaren, die du dir selber ausdenken kannst.

Das Schöne an dieser Übung ist, dass du sie immer und überall machen kannst. Niemand bemerkt etwas davon und sie wirkt sehr gut.

FINDE ENTSPANNUNGSPUNKTE

Diese kleine Druckmassage kannst du immer und überall unbemerkt ausführen. Sie bringt dir sofort Entspannung und ist extrem wirkungsvoll. Es gibt bestimmte Druckpunkte in unserem Körper, die durch Akkupunktur oder einfach durch den Druck deiner Finger aktiviert werden können. Einer dieser Entspannungspunkte befindet sich an deiner Hand, ca. 1 Zentimeter über der Stelle, an der die Knochen des Zeigfingers und des Daumens zusammentreffen. Du verspürst einen leichten Schmerz, wenn du diesen Punkt gefunden hast. Drücke ihn ca. 10 Sekunden lang und lass ihn wieder los. Wiederhole das Drücken und Loslassen 6-10 mal.

SCHÜTTLE DEN STRESS AB

Mit dieser Übung lässt sich der Stress einfach abschütteln. Sie aktiviert und belebt, und du kannst das Negative loslassen.

- Nimm deinen Stress ganz bewusst wahr. Halte inne und denke an das, was dich belastet.
- Dann schüttle jeden Teil deines Körpers kräftig durch und dadurch alles Negative, Stress, Wut, Ärger aus dir heraus.
- Fang mit den Armen an. Zuerst der linke, dann der rechte Arm.
- Dann beide Arme gleichzeitig.
- Danach schüttelst du dein linkes Bein und anschließend das rechte. Spüre, wie der Stress Stück für Stück aus deinem Körper entweicht.

WIE MAN IN DEN WALD HINEINRUFT ...

... so schallt es heraus. Wahrscheinlich kennst du diese Binsenweisheit schon von klein auf und magst sie gar nicht mehr hören. Doch gerade bei der Kommunikation mit deinen Kindern kannst du feststellen: So wie du mit ihnen sprichst, werden sie auch reagieren. Wenn du schreist, werden sie ebenfalls laut oder sie weinen. Doch wenn du weißt, wie ihr respektvoll und achtsam miteinander redet, kannst du vielen Konflikten aus dem Weg gehen.

„Wer schreit, hat Unrecht". Diesen Satz hat sich fast jeder schon einmal anhören müssen. Trotz guter Absichten und Vorsätze werden wir ab und zu laut und schlagen den falschen Ton an. Aber was können wir dagegen tun? Zum Beispiel die Tipps aus diesem Kapitel anwenden. Sie helfen dir bei der Kommunikation mit deinem Kind im Alltag. Zwar geben sie keine Garantie, dass du nie wieder schimpfst, doch die Ratschläge sind eine gute Grundlage, um achtsam und respektvoll miteinander zu sprechen. Außerdem helfen sie dir dabei, dich hinterher mit der Situation auseinanderzusetzen. Du erkennst dann vielleicht eher, wo du Fehler gemacht hast.

Richtig Zuhören

Genau wie wir möchten Kinder beachtet, akzeptiert und respektiert werden. Sie merken, wenn wir sie nicht ernst nehmen und ihre

Meinungen und Anliegen abtun. Wie wir mit unseren Kindern kommunizieren, fängt schon beim Zuhören an. Ich höre immer wieder: „Natürlich höre ich meinem Kind zu." Doch tun wir das wirklich immer mit voller Aufmerksamkeit? Wobei wir wieder beim Thema Achtsamkeit wären, denn auch diese zeigt sich darin, wie wir zuhören. Wenn wir ganz ehrlich sind, hören wir oft nur mit halbem Ohr hin und antworten mit Floskeln, und das übrigens nicht nur bei unserem Kind. Auch wenn wir mit Erwachsenen zusammen sind, sind wir oft nicht bei der Sache. Da wird schnell mal aufs Handy geschaut, während unser Gegenüber redet. In langweiligen Besprechungen planen wir den Wocheneinkauf, während sich die anderen Teilnehmer austauschen. Wir täuschen Interesse vor, wo keins ist.

 DIE VIER ARTEN DES ZUHÖRENS

Pseudo Zuhören
Wir tun so, als ob wir zuhören, tun das aber nicht wirklich. Wir nehmen das Gesagte nicht richtig wahr und antworten mit Floskeln. Eigentlich sind wir mit etwas anderem beschäftigt.

Echtes Zuhören
Wir hören zu und nehmen wahr, was der Gesprächspartner uns sagt. Wir zeigen durch Blickkontakt, durch Nicken oder durch verbale Bestätigungen wie „hm" oder „ja", dass wir aufmerksam sind.

Aufmerksames Zuhören
Wir schenken unserem Gesprächspartner unsere volle Aufmerksamkeit, fragen nach und wiederholen das Gesagte mit eigenen Worten.

Empathisches Zuhören
Wir hören aufmerksam zu und können uns in unser Gegenüber hineinversetzen. Wir bemerken, wie es ihm geht, verstehen seine Gefühle und drücken dies in Worten und Gesten aus.

Kinder merken sehr schnell, ob du aufmerksam bist oder mit deinen Gedanken abschweifst. Doch wir können ihnen durch „richtiges" Zuhören signalisieren, dass sie uns wichtig sind und wir sie ernst nehmen.

Von diesen vier unterschiedlichen Arten des Zuhörens funktionieren die beiden letzteren bei einem Kind am besten. Es fühlt sich verstanden und aufgehoben, wenn wir aufmerksam und empathisch zuhören. Ist es wütend und zornig, steckt dahinter immer ein Bedürfnis. Es braucht Sicherheit, Zuneigung, Nähe oder Aufmerksamkeit. Wenn du deinem Kind in diesem Moment aufmerksam und empathisch zuhörst, signalisierst du ihm, dass es dir wichtig ist. Du bemerkst, wie es ihm geht und kannst das ansprechen. Um aufmerksam und empathisch zuzuhören, musst du in der Nähe deines Kindes sein. Es funktioniert nicht, wenn du in der Küche stehst und dein Kind im Wohnzimmer ist.

WIE DU DEINEM KIND AUFMERKSAM UND EMPATHISCH ZUHÖRST

- Setz dich mit deinem Kind auf den Boden oder auf die Couch. Nimm es auf den Schoß, schau es an und bitte es, zu erzählen, was los ist.
- Bleibe aufmerksam, frage nach, sage ihm, dass du es verstehen kannst, sprich an, welche Gefühle du wahrnimmst.
- Nimm es in den Arm. Sage ihm, dass du es lieb hast und du nachvollziehen kannst, dass es sich ärgert oder traurig ist.
- Überlege gemeinsam mit ihm, was ihr jetzt tun könnt, um die Situation zu verbessern.

Wertschätzende Botschaften senden

Mit der Kommunikation ist es manchmal nicht so ganz einfach. Es gibt viele Fallen, in die wir treten können. Der Grund für viele Missverständnisse in der Kommunikation sind Störungen zwischen dem Sender, der, der etwas sagt, und dem Empfänger, der, an den sich das Gesagte richtet. In einem problematischen Fall sendet der Sender eine Nachricht. Die kommt beim Empfänger ganz anders an, und er ärgert sich. Und schon ist der Konflikt da.

Wertschätzende Kommunikation ist nur möglich, wenn Sender und Empfänger auf dem gleichen Kanal senden und empfangen, d. h. wenn beide die gleiche „Sprache" sprechen und der Empfänger alles versteht. Um Missverständnisse und Ärger zu vermeiden, kannst du als Sender im Vorfeld einiges beachten:

- Drücke dich klar aus, benutze kurze Sätze oder einfach nur ein Wort.
- Sprich so, dass dein Kind dich versteht. Wenn wir aufgeregt sind, benutzen wir oft Wörter, die nicht kindgerecht sind. Du solltest deine Sprache also an den Wissensstand des Empfängers anpassen.
- Stelle im Vorfeld klar, dass du keine bösen Absichten hast. Wenn du dein Kind kritisierst, könnte es denken, dass du es nicht magst. Dabei geht es hier nur um die Sache. „Lina, ich habe dich sehr lieb. Ich möchte mit dir über deine Hausaufgaben reden. Du brauchst keine Angst zu haben."
- Frage immer nach, wie das Gesagte bei deinem Kind ankommt. „Was sagst du dazu? Wie findest du das?"
- Sprich offen über Gefühle, die du wahrnimmst: „Ich merke, dass du dich über mich ärgerst."

EIN KLARES WORT **!**

Mit 7 Jahren war unser Sohn sehr diskussionsfreudig. Alles wurde erörtert und manchmal steigerte sich dabei auf beiden Seiten die Lautstärke, und der Ton verschärfte sich. Das war nicht gut für die Stimmung in der Familie. Daraufhin vereinbarten wir das Wort „Ton" als eine Art Codewort. Wenn die Diskussion hitzig zu werden drohte oder es einem der Beteiligten zu laut wurde, sagten wir einfach nur „Ton". Dann wussten alle, dass wir nicht mehr wertschätzend miteinander redeten, und sprachen leiser weiter. Du kannst auch mit deinem Kind bestimmte Worte vereinbaren, diese sind dann ein Stopp-Zeichen, wenn die Situation zu eskalieren droht.

Ich-Botschaften und Du-Botschaften

Bei klärenden Gesprächen gibt es zwei Möglichkeiten, negative Dinge anzusprechen. Mit Ich-Botschaften kannst du deine Erwartungen äußern, ohne dein Kind zu verletzen. Du-Botschaften klingen eher anklagend.

DU-Botschaften
- „Das machst du immer so."
- „Du machst das falsch."
- „Du hast das Glas umgeschmissen."
- „Wegen dir kommen wir zu spät."

Solche Aussagen greifen dein Kind an, weisen ihm die Schuld zu und drängen es in die Ecke. Wenn du so mit deinem Kind sprichst, sind Konflikte vorprogrammiert und die Kommunikation bricht ab. Dein Kind will sich rechtfertigen, schlägt zurück oder greift dich an. Oder es zieht sich zurück und verstummt.

ICH-Botschaften

- „Ich ärgere mich über dein Verhalten."
- „Mir fällt auf, dass du sauer auf mich bist."
- „Ich an deiner Stelle würde das anders machen."
- „Ich glaube, wir sollten das nicht tun."
- „Ich denke, dass wir uns beeilen sollten, da wir sonst zu spät kommen."

Diese Aussagen drücken deine Wahrnehmung aus und beleuchten deine Gefühle. Deinem Kind wird nicht die Schuld an der Situation gegeben, dadurch fühlt es sich weniger schlecht. Es entwickelt Verständnis und denkt über sein Verhalten nach, ohne sich direkt angegriffen zu fühlen. Außerdem hat es die Möglichkeit seine Sicht der Dinge darzulegen.

Wir sind es gewohnt in Du-Botschaften zu sprechen. Das ist quasi unsere Umgangssprache. Es ist normal, dass uns immer wieder Du-Botschaften herausrutschen. Ich-Botschaften müssen wir erst verinnerlichen, bevor wir sie in unserem Alltag anwenden können, ohne vorher bewusst darüber nachdenken zu müssen. Mittlerweile lernen Kinder schon in der Schule, was Ich-Botschaften sind und wenn auch wir mit ihnen so sprechen, werden sie diese übernehmen.

WIE SPRICHST DU UNANGENEHME DINGE AN

Wenn du deinem Kind etwas Negatives sagen möchtest, ist es sinnvoll, vorher zu überlegen, was du wie sagen willst. Sprichst du mit Ich-Botschaften wie den folgenden fühlt sich dein Kind nicht in die Ecke gedrängt oder angegriffen. Du sagst ihm, was dich stört, begegnest ihm auf Augenhöhe und findest gemeinsam mit ihm Lösungen.

Wahrnehmung
Was beobachtest du? Was fällt dir auf?
An dieser Stelle beschreibst du ganz sachlich deine Wahrnehmung.
„Mir fällt auf, dass du in letzter Zeit nichts mehr von deiner Freundin Laura erzählst."

Interpretation
Wie wirkt es auf dich? Wie deutest du es?
Hier schilderst du die subjektive Wirkung auf dich.
„Ich habe den Eindruck, dass ihr Streit habt."

Bewertung
Was macht es mit dir? Wie geht es dir damit?
Du drückst deine eigenen Gefühle aus.
„Das fände ich traurig."

Empfehlung
Was würdest du tun? Was könntet ihr verändern?
Du schlägst Lösungsmöglichkeiten vor, äußerst Wünsche und Erwartungen.
„Sollen wir Laura mal wieder einladen? Was hältst du davon?"

ET KÜTT WIE ET KÜTT …

„Es kommt, wie es kommt" sagen die Kölner. Die Einstellung, die hinter dieser Redensart steckt, kann dir auch im Familienalltag helfen. Zum Beispiel in punkto Fehler, denn die passieren ständig, und wir alle machen welche. Sei deshalb nachsichtig mit dir und den Anderen. Doch wir können nicht alles planen und manchmal macht uns das Leben einen Strich durch die Rechnung. Deshalb brauchen wir im Alltag eine gehörige Portion Optimismus und Humor. Und den sollten wir unseren Kindern täglich vorleben.

Du bist jetzt fast am Ende dieses Buches und hast bestimmt inzwischen schon mal über dich und deine Reaktionen, über deine Glaubenssätze, Werte und Emotionen nachgedacht. Vielleicht hast du auch ein paar Punkte gefunden, die du in Zukunft verändern möchtest, damit euer Familienalltag entspannter, liebevoller und stressfreier wird.

Manche der Strategien, die du in diesem Buch kennengelernt hast, werden gut funktionieren, andere wiederum vielleicht gar nicht für dich und deine Familie passen. Probiere aus und erlebe, was passiert. Wenn du auf einem Weg nicht weiterkommst, schlag einen anderen ein. Doch ganz egal, was du dir vorgenommen hast, fang damit an! Wichtig ist, dass du dir selbst die Messlatte nicht zu hoch legst. Verabschiede dich bitte vom Perfektionismus. Das Leben ist nicht perfekt und meistens nicht planbar. Doch gerade die Höhen und Tiefen machen es lebens- und liebenswert.

Fehler passieren, ist doch nicht schlimm

Wie geht ihr in eurer Familie mit Fehlern um? Hast du darüber schon einmal nachgedacht? Tatsache ist, wir alle machen Fehler, wir sind ja Menschen, und die sind bekanntlich nicht perfekt. Die Frage ist nur, wie gehen wir, wie geht unsere Gesellschaft damit um? Leider hat sich die vorherrschende Meinung über lange Zeit nicht sonderlich verändert: Fehler sind schlecht, der Schuldige muss gefunden und zur Rechenschaft gezogen werden. Kinder die etwas falsch machen, werden bestraft, Mitarbeiter die Fehler begehen, werden abgemahnt oder sogar entlassen. Somit hat sich irgendwann der kollektive Glaubenssatz verfestigt: „Fehler sind nicht akzeptabel, wer Fehler macht hat ein Problem, es müssen Konsequenzen folgen."

Ein solcher Ansatz ist heute aber nicht mehr zeitgemäß, und es gibt viele Beispiele für einen veränderten Umgang mit Fehlern. Zahlreiche junge Start-Up-Firmen leben uns das vor. Sie machen Fehler, finden sie und decken sie auf, ohne aber Personen dafür zur Verantwortung zu ziehen. Sie analysieren die Situation, lernen daraus und versuchen es wieder, so lange bis es klappt.

Auch Kinder sind ein tolles Beispiel, wie man mit Fehlern und Scheitern umgehen sollte. Bevor ein Kind laufen lernt, versucht es das zig-mal. Es robbt vorwärts, beginnt zu krabbeln, zieht sich hoch und fällt hin – und merkt, so funktioniert das nicht. Ein Erwachsener würde in dieser Situation vielleicht in Selbstmitleid zerfließen und sich beschimpfen: „Du bist doof, du schaffst das nicht, das klappt nie." Ein Kleinkind tut das nicht, im Gegenteil, es ist hoch motiviert, merkt, dass dieser Weg nicht der richtige war und versucht es wieder und wieder. Mit der Zeit stellt es fest, dass es die Füße anders aufsetzen muss, mehr Balance haben muss, sich gerader hinstellen sollte, anfänglich noch Halt braucht. Mit jedem Versuch lernt es dazu, bis es irgendwann den ersten Schritt geht. Darauf ist es dann sehr stolz.

Sei nachsichtig – mit dir und den Anderen

Wir können uns daran ein Beispiel nehmen. Manchmal sind wir zu hart zu uns selbst. Wir erwarten, dass alles perfekt sein muss und versuchen Kinder, Partnerschaft, Haushalt, Job, Freundeskreis und Hobbys unter einen Hut zu bringen. Wir haben den Eindruck in vielen Lebensbereichen nicht zu genügen, alles falsch zu machen und vor allem, keine guten Eltern zu sein. Das ist Unsinn. Natürlich machen wir Fehler im Umgang mit unseren Kindern, doch daraus können wir lernen. Wir können uns überlegen, was wir beim nächsten Mal besser machen können. Wir werden auch mal laut, sind ungerecht, schimpfen und meckern, doch wir sind halt nur Menschen. Das Schöne ist, dass wir darüber sprechen können. Wir können unseren Kindern sagen, dass es uns leid tut, dass wir überreagiert haben, und uns für unser Verhalten entschuldigen. Das zeugt von Größe. Damit werden wir zum echten Vorbild für unsere Kinder. Sie lernen, dass es in Ordnung ist, Fehler zu machen und dass sie sich dafür nicht schämen müssen.

Sei bitte nachsichtig mit dir selbst. Es bringt nichts, wenn du dich abwertest, selbst beschimpfst, dich klein machst und dadurch dein Selbstbewusstsein verlierst. Du musst nicht immer stark, leistungsfähig und perfekt sein. Auch du darfst offen sagen, wenn dir eine Situation über den Kopf wächst. Du kannst dich mit anderen austauschen und wenn nötig Unterstützung einfordern. Wenn du das zulässt, wirst du merken, dass es dir besser geht, denn du bist nicht allein, anderen Eltern geht es ebenso. Atme durch und akzeptiere deine Fehler. Du darfst Schwäche zeigen und Hilfe annehmen.

Mit Kindern verläuft der Alltag meist nicht nach Plan, es passiert ständig etwas Unerwartetes und alle machen Fehler. Du, dein Kind, Partner, Großeltern, Freunde, Erzieher, Lehrer, Nachbarn. Wir können diese Fehler dramatisieren, uns hineinsteigern, damit hadern. Oder wir können gelassen darauf reagieren und nach Lösungen suchen. So lernen Kinder schon sehr früh lösungsorientiert, statt problemorientiert zu handeln. Dies ist übrigens ein Faktor, der dich und dein Kind „resilient", d. h. widerstandsfähig, macht.

Wenn dein Kind ein Glas umwirft, Streit mit dem Kitafreund hat, etwas kaputt macht, ein Schimpfwort sagt, seine Schwester ärgert … sprich mit ihm darüber. Erkläre ihm in Ich-Botschaften, dass das jedem passieren kann. Frag nach den Hintergründen und hilf ihm, Lösungen für sein Problem zu finden. Hier ist es wichtig, dein Kind positiv zu bestätigen. Zeig ihm, dass du es magst, egal was es macht. Erklär ihm die Regeln, sage ihm, dass du bestimmte Dinge nicht möchtest, lass es aber nicht daran zweifeln, dass du es trotz der Fehler, die es macht, liebst. Kinder müssen spüren, dass sie bedingungslos geliebt werden, selbst wenn sie gegen Regeln verstoßen. Denke bitte immer daran, dass dein Kind sich nicht böswillig so verhält oder mit Absicht etwas tut, um dich zu provozieren oder zu ärgern. Kinder können die Tragweite ihres Verhaltens noch nicht abschätzen. Sie tun etwas, ohne darüber nachzudenken, welche Wirkung es hat. Das lernen sie erst im Laufe ihres Lebens.

Natürlich freut sich niemand, wenn er einen Fehler gemacht hat. Wir loben unsere Kinder, wenn sie etwas gut machen, schön basteln oder malen, lieb zu ihren Geschwistern sind, gute Noten schreiben, nett sind. Erfolge werden gefeiert, es wird gelobt und es gibt Anerkennung. Das ist schön und stärkt das Selbstbewusstsein. Doch wir lernen auch aus unseren Niederlagen. Deshalb sollten wir sie nicht totschweigen oder verheimlichen, es ist gut darüber zu sprechen. Indem wir das tun, übernehmen wir Verantwortung für unser Handeln und unsere Fehler. Wir fühlen uns dann nicht als Opfer der Umstände, wir schämen uns nicht dafür oder versuchen, etwas zu vertuschen. Niederlagen und Fehler sind wichtig und wir sollten offen mit ihnen umgehen.

WIE REDET MAN ÜBER FEHLER?

Nehmt euch in der Familie Zeit, über eure Fehler, Niederlagen und Fehltritte zu sprechen. Wenn jeder zugibt, dass er Fehler macht, fällt das nicht mehr so schwer. Sie hängen dann nicht wie eine dicke schwarze Wolke über euch. Es tut gut darüber zu sprechen und zu sehen, ich bin nicht alleine. Entwickelt ein Ritual und redet in entspannter Atmosphäre darüber:

- Was lief heute schief? Was war an dem Tag nicht gut? Worüber habe ich mich geärgert?
- Woran lag das? Was habe ich falsch gemacht? Wie konnte das passieren?
- Was kann ich beim nächsten Mal besser machen? Wer könnte mir helfen?
- Was habe ich daraus gelernt?

Hab Vertrauen und sei Vorbild

Im Umgang mit Menschen, ganz besonders mit unseren „Lieblingsmenschen" spielt Vertrauen eine wichtige Rolle. Es ist die Grundlage einer stabilen Beziehung. Vertrauen gibt uns Sicherheit und Zuverlässigkeit und stärkt unser Selbstbewusstsein. Ohne Vertrauen können wir uns nicht entwickeln. Deshalb sollten wir zuallererst Vertrauen in uns selbst haben. Vor allem in Momenten, in denen wir an uns zweifeln, unsicher sind oder uns überfordert fühlen. Damit wir uns nicht gänzlich in Frage stellen und an unseren Fähigkeiten als Eltern zweifeln, sollten wir uns immer wieder klar machen, dass jeder von uns Schwächen hat, aber eben auch Stärken. Die einen bringt nichts aus der Ruhe, andere sind sehr organisiert und immer auf alles vorbereitet, wieder andere sind humorvoll oder kreativ. Es kann nicht jeder alles können. Dies sollte man akzeptieren. Wir müssen unsere Stärken und Fähigkeiten ausbauen und an uns selbst glauben. Nur dann können wir dieses Urvertrauen weitergeben.

ICH GLAUBE AN MICH

Wenn du an dir und deinen Fähigkeiten zweifelst, ist diese Übung ein Booster für dein Selbstvertrauen. Stell dir folgende Fragen:
- Was gelingt mir gut?
- Wo liegen meine Stärken?
- Wofür erhalte ich Anerkennung?
- Was schätzen andere an mir?

Danach bittest du vier Personen, denen du vertraust, dir die Frage: „Was schätzt du an mir?" schriftlich zu beantworten. Du wirst dich wundern, was du alles über dich erfährst. Vergleiche deine Antworten mit den Antworten der vier Personen und schreibe dir drei Punkte heraus, die dich stärken.

Das Urvertrauen, dass sich bei Kindern in den ersten Monaten und Jahren entwickelt, ist die Grundlage für eine gefestigte, selbstbewusste, zufriedene Persönlichkeit. Kinder, die in ihren ersten Lebensjahren Sicherheit, Liebe, Zuneigung, Nähe erfahren, spüren dieses Urvertrauen tief im Inneren. Sie entwickeln Vertrauen in sich selbst und erleben sich selbstwirksam. Selbstwirksamkeit bedeutet, dass ich daran glaube, dass ich etwas bewirken kann.

Wenn ein Baby schreiend in seinem Bettchen liegt, und die Eltern reagieren angemessen darauf, lernt es, dass es etwas bewirken kann. Dass ihm jemand Nähe schenkt, Essen gibt, die Windel wechselt. Es fühlt sich sicher und geborgen. Diese Selbstwirksamkeit wird es ein Leben lang begleiten und daraus entwickelt sich im Laufe des Lebens ein gesundes Selbstbewusstsein.

Wir können diese Selbstwirksamkeit unserer Kinder jeden Tag stärken, indem wir ihnen etwas zutrauen und ihnen Freiraum geben. Dieses besondere Vertrauensverhältnis hat der libanesisch-amerikanische Dichter Khalil Gibran folgendermaßen auf den Punkt gebracht: „Solange deine Kinder klein sind, gib ihnen Wurzeln, wenn sie älter geworden sind, gib ihnen Flügel". Je kleiner unsere Kinder sind, desto mehr Nähe, Liebe, Fürsorge, Geborgenheit und Sicherheit brauchen sie von uns. Doch mit jedem Lebensjahr wächst ihr Vertrauen in sich selbst. Sie gewinnen an Sicherheit und Selbstbewusstsein. Sie erkunden die Welt, erproben neue Wege und entfernen sich Stück für Stück von uns. Wenn Kleinkinder unsicher sind, schauen sie sich nach ihren Eltern um und entfernen sich nur so weit, dass sie bei Gefahr schnell wieder zu ihnen, ihrer sicheren Basis, zurücklaufen können. Nur wenn Mama und Papa in der Nähe sind, sind sie mutig. Doch je älter sie werden, desto mehr trauen sie sich selbst zu und werden unabhängiger. Deshalb ist es wichtig, deinem Kind Vertrauen zu schenken und an es zu glauben. Gib ihm Sicherheit, ohne es einzuengen. Lass es seine Erfahrungen machen und bestätige es positiv. Lass ihm seinen Freiraum und gib ihm die Möglichkeit sich darin selbständig zu bewegen und zu lernen. Je älter dein Kind wird, desto größer wird sein Radius. Aus der Raupe, die sich nur langsam von der Stelle bewegt, wird ein Schmetterling, und der hat Flügel, mit denen er wegfliegen kann. Jetzt gilt es Stück für Stück loszulassen.

Geh mit gutem Beispiel voran

Genauso wichtig wie das Vertrauen, das du deinem Kind schenkst, ist, dass du ihm ein Vorbild bist. Und das hat viel mit Vorleben zu tun. Es hilft wenig, wenn du deinem Kind ständig sagst, was es tun oder lassen soll. Es lernt viel schneller, wenn du es ihm vormachst. Taten statt Worte. Du kannst deinem Kind zehnmal sagen: „Wir schreien uns nicht an." Wenn du aber in Ausnahmesituationen schimpfst und laut wirst, wird es dir nicht glauben. Es erlebt ja etwas anderes. Daher müssen Vorbilder authentisch und glaubhaft sein. Verwechsle das jedoch bitte nicht mit „perfekt sein". Sei wie du bist und steh zu deinen Fehlern.

Maja (6) hat keine Lust auf den Vorschulunterricht in der Kita. Sie erfindet immer wieder Ausreden, warum sie nicht mitmachen kann. Sie hat ihr Mäppchen vergessen, hat Bauchschmerzen, muss im anderen Zimmer noch was holen. Ihrer Mutter ist klar, dass das alles nur vorgeschobene Gründe sind und sie sagt Maja, dass man nicht lügen oder schummeln soll. Sie ermutigt ihre Tochter, statt zu schwindeln, die Wahrheit zu sagen. Ein paar Tage später ruft die beste Freundin von Majas Mama an. Und die sagt zu ihrem Mann: „Ich habe jetzt keine Lust zu telefonieren, sag ihr, dass ich nicht da bin." Maja rennt sofort zu ihrer Mama: „Du sagst doch immer man soll nicht lügen. Warum sagst du deiner Freundin nicht die Wahrheit, und dass du keine Lust hast, mit ihr zu telefonieren?"

Ein solch widersprüchliches Verhalten können Kinder nicht begreifen. Die Eltern geben etwas vor, stellen Regeln auf, haben Erwartungen, und dann halten sie sich selbst nicht daran. Kinder merken sofort, wenn wir Dinge von ihnen verlangen, die wir selbst aber nicht beherzigen. Dann halten sie uns, wie Maja in dem Fallbeispiel, knallhart den Spiegel vor, und das kann mitunter peinlich werden. Wenn dir also bestimmte Dinge oder Verhaltensweisen wichtig sind, solltest du sie auch vorleben.

Es wird in eurer Familie zudem aber Regeln geben, die nur für Kinder gelten und dies solltest du ansprechen. Ein simples Beispiel ist der Genuss von Alkohol. Kein Elternteil würde auf die Idee kommen, dass sein Kind Alkohol trinken darf. Genauso wenig würde es wahrscheinlich aber niemandem einfallen, gänzlich auf Alkohol zu verzichten, weil man auf sich genau die gleichen Regeln anwendet, wie auf seine Kinder. Wir erklären unseren Kinder daher, dass Alkohol für Kinder tabu ist, während Erwachsene ihn durchaus trinken dürfen.

Freude und Humor – die Stützpfeiler des Familienlebens

Familienleben ist kein Sprint und auch kein Marathonlauf. Es geht nicht darum, möglichst effizient, zielstrebig, schnell und clever zu sein und als erster ans Ziel zu gelangen. Es geht aber genauso wenig darum, auf die Zähne zu beißen, das Letzte aus sich herauszuholen, um dann hechelnd und dem Umfallen nah über die Ziellinie zu stolpern. Familienleben ist eine lange, intensive Wanderung mit vielen Hügeln, Tälern und Bergen. Mit, steinigen Wegen, unübersichtlichen Kurven, vielen Weggabelungen und steilen Anstiegen. Doch nach solchen Strapazen werden wir unterwegs immer wieder mit einer tollen Aussicht, einem gemütlichen Rastplätzchen, dem Anblick einer bunten Blumenwiese oder einem schönen Sonnenuntergang belohnt. Familienleben ist bunt und vielfältig, manchmal auch anstrengend und nervenaufreibend, doch es macht glücklich. Daher dürfen die Freude und der Humor in der Familie nicht fehlen.

Für viele Erwachsene gibt es nichts Schöneres als ein helles, fröhliches, unbefangenes Kinderlachen. Kinder können ihren Gefühlen freien Lauf lassen und aus vollem Herzen lachen, manchmal so lange, bis ihnen die Tränen kommen. Und das ist dann oft ansteckend. Für mich gibt es nichts Tolleres, als gemeinsam mit meiner Familie herumzualbern, zu lachen und Spaß zu haben. Denn Lachen macht glücklich, baut negative Gefühle und Stress ab. Daher ist es wichtig, gemeinsam zu lachen, die Dinge nicht allzu ernst zu nehmen und auch mal Fünfe grade sein zu lassen.

Lach mal wieder

Jetzt mal ehrlich: Lachst Du heute als Erwachsene noch so viel wie als Kind, oder hast du das Lachen eher verlernt? Vielleicht bist du da zurückhaltender geworden, weil manche der Ansicht sind, zu viel

Humor wirke unseriös. Sie befürchten, man könnte sich lächerlich machen und nicht ernst genommen werden, wenn man als Erwachsener zu viel lacht und gute Laune zeigt. Sie meinen, es wäre besser, wenn man sich beherrscht und seine Gefühle völlig unter Kontrolle hat. Hinter solchen Ansichten stecken oftmals negative Glaubenssätze. Vielleicht waren die, die so denken, früher durchaus aufgeweckte, humorvolle, lustige Kinder, die aber im Laufe ihrer Kindheit gelernt haben, dass das nicht gut ankommt. Doch das sind veraltete gesellschaftliche Denkmuster. Lass dich dadurch nicht täuschen. Humor und Lachen sind sinn- und wertvoll.

Wenn die Tage besonders anstrengend und kräftezehrend sind, fehlt uns manchmal trotzdem die gewünschte Lockerheit. Dann sind wir so im Hamsterrad des Alltagstrotts gefangen, dass wir verbissen und miesepetrig werden. Die schlechte Laune überträgt sich auf alle Familienmitglieder, und plötzlich ist die Stimmung aufgeladen. Auch hier hilft ein herzhaftes Lachen, damit die Situation nicht weiter eskaliert.

GUTE LAUNE ÜBUNG

Diese Übung hilft, deine Stimmung aufzuhellen, wenn du schlecht gelaunt oder traurig bist und es dir nicht gelingt, Ärger und Kummer einfach beiseite zu schieben:

- Stell dich vor einen Spiegel und lächle. Ziehe deine Mundwinkel weit nach oben, mindestens 60 Sekunden lang.
- Im ersten Moment wirkt dieses Lächeln verkrampft und unnatürlich. Du fühlst dich wahrscheinlich unwohl, denkst vielleicht sogar: „Das ist doof."
- Doch nach kurzer Zeit, beginnt dein Körper zu glauben, dass du wirklich lächelst. Die Jochbeinmuskeln werden aktiviert, die Nerven an den Mundwinkeln werden stimuliert und der Körper schüttet Endorphine, Glückshormone, aus. Du gaukelst deinem Gehirn gute Laune vor und merkst, wie sich deine Stimmung hebt. Das funktioniert wirklich, probier es mal aus.

Statt dich im gleichförmigen Einerlei aufzureiben, solltest du die Zeit mit deinem Kind genießen, und dich auch an kleinen, unbedeutenden Dingen erfreuen. Selbst alltägliche Tätigkeiten können allen in der Familie intensive Glücksmomente bescheren. Ihr müsst sie nur bewusst erleben. Ihr könnt Spaß bei der gemeinsamen Vorbereitung des Abendessens haben, auf der Wiese Blumen pflücken und die Wohnung damit dekorieren. Der Papa unternimmt mit seinem Sohn mit dem Fahrrad eine „Männertour" oder die „Mädels" der Familie veranstalten eine Modenschau. Eurer Fantasie sind keine Grenzen gesetzt. Solche Glücksmomente sind für alle Familienmitglieder wichtig. Sie heben die Stimmung, stärken das Gemeinschaftsgefühl und bleiben im Gedächtnis.

Und falls dir im Alltag vor lauter Stress und Sorgen manche der kleinen Glücksmomente entgehen, kannst du sie dir mit folgender Übung wieder ins Bewusstsein rufen.

MEINE GLÜCKSMOMENTE

- Nimm dir abends vor dem Zubettgehen 5 Minuten Zeit und überlege, was du an diesem Tag an glücklichen Momenten und schönen Dingen erlebt hast. Was hat dich glücklich gemacht? Was war besonders an diesem Tag?
- Das kann das freundliche „Guten Morgen" der Verkäuferin in der Bäckerei sein, das Lob deines Vorgesetzten, das Lachen deines Kindes, der schöne Sonnenuntergang.
- Es muss nicht das große Glück sein, du findest im Alltag viele kleine Glücksmomente.
- Anfänglich könnte es dir etwas schwer fallen sie dir wieder ins Gedächtnis zu rufen. Vielleicht fallen dir nur die unschönen Momente ein. Versuche diese auszublenden und fokussiere dich auf die schönen Dinge.
- Nach ein paar Wochen wirst du die Welt mit ganz anderen Augen wahrnehmen und die Glücksmomente werden dir ins Auge springen.

VIEL ERFOLG AUF DEINEM WEG

Dank unserer Kinder erleben wir unsere Kindheit zum Teil ein zweites Mal. In bestimmten Situationen erinnern wir uns an schöne Momente, an liebevolle Begegnungen und an Dinge, die uns Kraft und Stärke gaben und uns heute noch prägen. Wir erinnern uns aber ebenso an Situationen, die unschön und verletzend waren und an Aussagen oder Verhaltensweisen von Erwachsenen, die wir heute unseren Kindern nicht weitergeben möchten. Darin liegt unsere Chance als Eltern. Wir haben die Möglichkeit es anders zu machen. Dinge, die wir gut finden zu übernehmen und weiterzugeben und Dinge, die wir ablehnen zu verändern.

Du hast in den ersten Kapiteln dieses Buches Strategien kennengelernt, wie du an deiner Persönlichkeit und deinem Verhalten arbeiten kannst. Du hast erfahren, an welchen Schrauben du drehen musst und dein Werkzeugkoffer ist gut gefüllt. Du kannst deine Werte und alten Glaubenssätze überdenken, neue Familienziele für euch finden, die Bedürfnisse der einzelnen Familienmitglieder erkennen, gut für dich selbst sorgen, und dadurch ein angenehmes Umfeld für die ganze Familie schaffen. Und du weißt nun auch: Nur wenn du dich veränderst, wird dein Umfeld darauf reagieren und sich anders verhalten. Setze dich aber bitte nicht unter Druck. Versuche nicht zu viel auf einmal. Dein Ziel ist es doch, gelassener zu werden. Wenn du dir selbst Stress machst, geht der Schuss nach hinten los. Gehe deinen Weg in deinem Tempo und lege Pausen ein.

Wenn du deine Kinder liebevoll, gelassen und respektvoll erziehen willst, sind Rituale und Regeln in der Familie extrem wichtig. Durch sie erhält euer Alltag eine Struktur. Sie geben allen Familienmitgliedern Sicherheit und Orientierung.

Kinder sind das kostbarste Gut in unserer Gesellschaft. Wir müssen alles Erdenkliche dafür tun, dass ihre Seelen nicht zu Schaden kommen. Unsere Erziehung soll sie zu eigenständigen Menschen mit Bodenhaftung und Rückgrat machen. Das sollten wir uns immer wieder vor Augen führen, auch wenn wir manchmal aus der Haut fahren und das Verhalten der lieben Kleinen so gar nicht verstehen. Denn sie sind ja nicht aus Prinzip böse, sie wollen dich nicht bewusst ärgern. Wenn sie zornig werden und dich provozieren, ist das immer ein Zeichen, dass ihnen etwas fehlt: Sicherheit, Nähe, Wertschätzung, Zuneigung oder Aufmerksamkeit. Hast du das einmal verinnerlicht, reagierst du automatisch anders auf dein Kind. Du kannst ihm geben, was es braucht, ohne zu schimpfen oder laut zu werden. Du kannst aber auch ganz bewusst Nein sagen, ohne dauernd ein schlechtes Gewissen zu haben.

Wenn ich an Familienleben denke, habe ich oft das Bild einer alten Kaufmannswaage vor Augen. Die beiden Waagschalen, in die auf der einen Seite die Ware und auf der anderen die Gewichte gelegt werden. Sie balancieren sich waagrecht aus, wenn beide Seiten gleich schwer sind. In der Familie ist es ähnlich, wir müssen in Balance sein, um ein zufriedenes, liebevolles Miteinander leben zu können. Die Familienwaage ist jedoch nicht in Balance, wenn einer nur gibt und andere nur nehmen. Wenn einer sich extrem einbringt, das ganze Gewicht dann auf seiner Seite lastet und seine Waagschale nach unten zieht. Deshalb müssen die Gewichte und Lasten gleichmäßig verteilt werden, die Bedürfnisse aller Familienmitglieder müssen in gleichem Maße erfüllt werden, damit die Waage richtig austariert werden kann.

Ich bin sicher, du wirst deinen Weg finden und er wird dich zum Ziel führen. Verlass dich ganz auf deinen Instinkt! Tu, was dir wichtig ist, höre nicht darauf, was andere dir einreden oder vorschreiben wollen. Du kennst deine Familie am besten und weißt, was ihr braucht und was euch gut tut. Lass die anderen reden und vertraue dir und deinen Fähigkeiten. Vertraue auch deinem Kind. Es hat viel

Potenzial und wird seinen eigenen Weg gehen, der vielleicht nicht immer gerade sein wird. Du kannst ihm dabei zur Seite stehen, es unterstützen und ihm Impulse geben. Solange du das mit Liebe, Respekt, Freude und Wertschätzung tust, wirst du keine Fehler machen.

Alles Liebe und viel Erfolg!

Alexandra Karr-Meng

Über dein Feedback freue ich mich: info@karr-meng-coaching.de

ANHANG

Bücher zum Weiterlesen

Werner Rautenberg/Rüdiger Rogoll: Werde, der du werden kannst, Herder Spektrum 2001

Hanna Grubhofer: Zauberbuch Familienfrieden, Edition Riedenburg 2016

Dr. Patrizia Collard: Das kleine Hörbuch vom achtsamen Leben, Random House Audio 2017

Thomas A. Harris: Ich bin o.k. – Du bist o.k., Rowohlt 2007

Norbert Neuss: Kinder & Medien, Was Erwachsene wissen sollten, Klett Kallmeyer Verlag 2012

Alexandra Karr-Meng: Kinder achtsam erziehen, humboldt 2018

Kinderbücher zum Vorlesen

Isabel Abedí: Blöde Ziege, dumme Gans, arsEdition 2009

Meine erst Kochschule, Dorling Kindersley 2019

Lydia Hauenschild: Hallo Baby, wann kommst du?, arsEdition 2014

Lena Thiele: Digitale Welt, Ravensburger Verlag 2017

Emily Bone: So wächst unser Essen, Usborne Verlag 2018

Hilfreiche Internetadressen

www.dfme-achtsamkeit.de

www.hierfindichwas.de

www.frechefreunde.de

www.karr-meng-coaching.de

Erziehung auf Augenhöhe

- Für mehr Achtsamkeit im Familienalltag
- Mit kleinen Veränderungen zu mehr Harmonie und Verständnis
- Praktische Rituale und Übungen, die sich leicht und schnell umsetzen lassen

Stand 2020. Änderungen vorbehalten.

Alexandra Karr-Meng

Kinder achtsam erziehen

208 Seiten
14,5 x 21,5 cm, Softcover
ISBN 978-3-86910-639-7
€ 19,99 [D] / € 20,60 [A]

Der Ratgeber ist auch als eBook erhältlich.

...bringt es auf den Punkt.

Endlich weniger Erziehungsstress

- Die besten Tipps: So setzen Eltern liebevoll Grenzen

- Alltagstaugliches Konfliktmanagement für das Familienleben

- Ratgeber mit der Formel: Liebe + altersgerechte Regeln = stressfreier Alltag + glückliche Kinder

- Empfohlen von der Akademie für Kindergarten, Kita und Hort

Ulla Nedebock
Starke Kinder brauchen Regeln
224 Seiten
14,5 x 21,5 cm, Softcover
ISBN 978-3-86910-636-6
€ 19,99 [D] / € 20,60 [A]
Der Ratgeber ist auch als eBook erhältlich.

...bringt es auf den Punkt.

Mehr DU statt To-do!

- Endlich mehr Zeit, Kraft und Selbstbestimmung im Familienalltag

- Mit alltagstauglichen Lösungen: von Kita, Schule und Job über Liebe und Partnerschaft bis hin zu Gesundheit und mentaler Stärke

- Expertinnen- und Mamawissen aus dem erfolgreichen Online-Magazin: Die „MutterKutter"-Crew besteht aus einer Frauenärztin, einer Hebamme, einer Psychologin und einer TV-Journalistin

Stand 2020. Änderungen vorbehalten.

MutterKutter

Der Survival-Guide für Mamas

200 Seiten, Softcover
14,5 x 21,5 cm
ISBN 978-3-8426-1616-5
€ 19,99 (D) / € 20,60 (A)

Der Ratgeber ist auch als eBook erhältlich.

...bringt es auf den Punkt.

Bibliografische Information der Deutschen Nationalbibliothek
Die Deutsche Nationalbibliothek verzeichnet diese Publikation in der Deutschen Nationalbibliografie; detaillierte bibliografische Daten sind im Internet über http://dnb.ddb.de abrufbar.

ISBN 978-3-8426-1625-7 (Print)
ISBN 978-3-8426-1626-4 (PDF)
ISBN 978-3-8426-1627-1 (EPUB)

Originalausgabe

© 2020 humboldt
Die Ratgebermarke der Schlüterschen Verlagsgesellschaft mbH & Co. KG
Hans-Böckler-Allee 7, 30173 Hannover
www.humboldt.de
www.schluetersche.de

Aus Gründen der besseren Lesbarkeit wurde in diesem Buch teilweise die weibliche oder die männliche Form gewählt, nichtsdestoweniger beziehen sich Personenbezeichnungen gleichermaßen auf Angehörige des männlichen und weiblichen Geschlechts sowie auf Menschen, die sich keinem Geschlecht zugehörig fühlen.

Autorin und Verlag haben dieses Buch sorgfältig erstellt und geprüft. Für eventuelle Fehler kann dennoch keine Gewähr übernommen werden. Weder Autorin noch Verlag können für eventuelle Nachteile oder Schäden, die aus in diesem Buch vorgestellten Erfahrungen, Meinungen, Studien, Therapien, Medikamenten, Methoden und praktischen Hinweisen resultieren, eine Haftung übernehmen. Insgesamt bieten alle vorgestellten Inhalte und Anregungen keinen Ersatz für eine medizinische Beratung, Betreuung und Behandlung.

Etwaige geschützte Warennamen (Warenzeichen) werden nicht besonders kenntlich gemacht. Daraus kann nicht geschlossen werden, dass es sich um freie Warennamen handelt.

Lektorat: Susanne Straub, Stuttgart
Covergestaltung: ZERO, München
Covermotiv: Shutterstock – black-sun
Satz: PER MEDIEN & MARKETING GmbH, Braunschweig
Druck und Bindung: Gutenberg Beuys Feindruckerei GmbH, Langenhagen